短大から コミュニティ・カレッジへ

飛躍する世界の短期高等教育と日本の課題

●編著● 舘 昭

東信堂

緒　言――『短大からコミュニティ・カレッジへ』へ寄せて

短期大学基準協会調査研究委員会委員長
大阪女学院短期大学学長　関根　秀和

短期大学の存在が問われている。その視線は、最早、短期大学の必要性そのものを疑う厳しさである。そうして、定員ワレが短期大学総数の五〇パーセントに及ぼうとしている現実が、すでにその答えを出してしまったかの感さえある。

これが短期大学制度が発足し、六〇〇万人に達する卒業生を出して半世紀を経た現実であるだけに、制度そのものの崩壊という印象を免れ得ないのだが、それだけに今後の短期大学の存在意義についての検討は、部分的で皮相な見解や風聞を越えた問題意識と緻密な手続によるものであってほしい。

ひるがえっていうなら、存在を問われているのは短期大学のみではなく、大学院を含めた「大学」の存在そのものが、わが国の高等教育制度のあり方とともに問われているのである。

理論は理論に撤するほど、返って実践に有効であるという「理論と実践」の予定調和が、歴史的現実のなかで次々に崩れて、アプリオリな学問の権威が消失し、「学究と学習」の予定調和も、大学の大衆化やユニバーサル化にともなって成立し難くなるなかで、自明としての「大学」はすでに崩壊している。

にもかかわらず、自明としての「大学」が、大学進学者にも、また、ことに大学人の間で、執拗に生き続けてきたところに、わが国の大学教育の空洞化の原因を見いだすことができる。短期大学のこの半世紀の歩みもまた同質であったという他はない。

ようやくにして、そういう「大学」の実態に検討が加えられようとしてきたのが、この一〇年の大学改革の歩みであって、事はまだ緒に着いたばかりである。しかしながら、またこの一〇年は、世界秩序の面でも、経済や社会のドメスティックな諸面にも、激変をもたらしたのであって、その凄まじい変化と大学改革との間にズレが生じ、そのズレを一気に埋めることを、今、大学改革が求められているのだといって、差し支えない。

そういう状況がもたらした課題が、「世界」と「地域」へのわが国の大学の門戸解放である。言い換えると教育と研究の双方において、国際通用性を実現することと、地域の生活世界の形成の知的中核としての役割を担うことが性急に求められているわけである。

〝TOP30〟が大学人の耳目を峙たせたことはまだ記憶に新しいが、取り組みの実質は、華々しい施策にあるのではなく、第一義的には、大学「教育」の実現を国際的水準と、地域生活の形成に向けてどう期するかということである。特に短期大学にとっては、地域形成に資する教育の実現が取り組みとしてこれまでになく求められるところであろう。

そういう新しい模索に向けて、短期大学の歩みが始められようとしているさなかに、本書が投ぜられたわけで、その意義は大きい。

本書はもと、短期高等教育の意義やあり方についての検討を、学識豊かなリソースパースンの参加と助力によって組織化し、その成果を、当時の大学審議会に反映させようとスタートした短期大学基準協会の短期高等教育研究会で、平成一一年一月に時の委員長であった高鳥正夫先生の起案に発した調査研究の結実である。

短期高等教育研究会の発足に当たって提言された、「短期大学は大学であることを守りぬけ」という識者のコメントを踏まえつつ、新しい明日の存在を目指す導きとして本書から多くを学びたい。

はじめに

「どうしてあの人たちは公園のベンチにただ座っていたのか？」それは、一昨年（平成一一年）の秋に、イギリスの継続教育財政評議会を調査のために訪問した私に、逆に発せられた質問であった。同評議会は、日本の短期大学に当たる継続教育カレッジを支援し監督する機関である。彼らは前夜のテレビで、リストラ解雇にあった日本の成人男子が、家族にそのことを告げることもできず公園のベンチで終日を過ごす姿のドキュメンタリー番組をみていたのである。そして、イギリスでは同様の立場の人たちは、即、継続教育カレッジに通うようになるというのである。私は、日本の企業人が終身雇用を前提に培ってきた意識や、これまでの学校と職業の関係などを懸命に説明した。しかし、職を失って呆然自失する日本の成人の状況を、生涯において学校―職業―学校―職業の循環を当然視する彼らに、十分に理解してもらうことはできなかった。

わが国の短期大学は戦後、大学は四年制という原則のもとでそれへの移行が困難な際の暫定的な処置として出発した。しかし、実際には短期高等教育の積極的な需要に応える形で、特に女子の高等教育機関として発展をとげた。ところが、近年になって、男女間の学歴志向の高低の差異が縮小し、企業の雇用性向も変化し、また急激な少子化が進む中で、短期大学の多くが四年制に転換した。そして、かなりの短大で入学者の定員を確保できないなど、危機的な状況が現出している。

一方、当時、日本が範としたはずのアメリカでは、短期大学は、暫定処置どころか、それまでの大学の前期課程を担う編入教育に加え、半専門職的な職業教育、それに地域の文化を担う教養教育を提供する機関として積極的な位置付けを与えられた。そして、大学一年生の約半数が短大に通うまでに成長した。さらに、アメリカにおける一八歳人口の減少期にも拡張を続け、いまや年齢層を問わず住民すべてがアクセスできるコミュニティ・カレッジとして、不動の地位を獲得している。そして、これをモデルとした短期高等教育機関の発展は、世界の各地でみられるようになっている。

本書では、短期大学基準協会の平成一一年度における調査研究の成果(1)をもとに、イギリス(イングランド、スコットランド)、アメリカ、カナダ、ドイツ、フランス五カ国の短期高等教育の制度とその状況を紹介するとともに、日本の短期大学の将来像をコミュニティ・カレッジととらえ、そして、その内容は、編者が、三年余前に故高鳥正夫東横学園女子短期大学長とともに編集、上梓した『短大ファーストステージ論』(東信堂、平成一〇年四月)で提起したコンセプト、「短期大学は生涯にわたる高等教育のファーストステージである」を、国際的なレベルで裏付けるものである。

この前書、『短大ファーストステージ論』は、短期大学基準協会の調査研究委員会でのそれまでの研究成果に多くを依拠する形で編纂、執筆された。それは、臨時教育審議会が示した日本の教育の生涯教育体系への移行の提起を受けて始動した平成三(一九九一)年以降の高等教育改革と、すでにその移行をほぼ実現しているアメリカの動向を踏まえて、日本の短期大学が、制度的には大きな飛躍のチャンスを迎えていることを示すものであった。残念ながら、これまでのところ、日本の短期大学、そして高等専門学校や専門学校など他の短期高等教育機関は、生涯教育体系への移行に潜在するチャンスを活かし切れていない。それどころか、一八歳人口の減少という現実に、ただひたすら喘いでいるようにみえる。

一方、世界の短期高等教育機関は、この間にも、国民の高等教育へのアクセスの拡大と生涯学習需要に応えるために適した制度として拡大し、強化されてきているのである。そして、その背景には、個々の機関の努力とともに、短期高等教育を生涯学習体系の要として振興しようとする国家政策がある。ここで言われる生涯教育は、社会教育的なものにとどまらない、正規の教育課程での学習機会を、生涯の必要時点で享受することを意味している。

本書の構成と執筆者は、左記のとおりである。各章では、短期高等教育を、学士相当の第一学位課程より短い高等教育課程と定義(2)し、各国の教育制度における短期高等教育の位置とそれを担う教育機関の動向と国家政策の解明を通して、日本の短期大学をはじめとする短期高等教育のあり方を攻究している。また、各国の動向を通観して得られた示唆について、序章にまとめるとともに、結章としてようやくみられるようになってきた政策転換の兆しを手がかりに、日本の短大改革の方策について論じている。

序章　飛躍する世界の短期高等教育と日本の課題　舘　昭
1章　イギリスの短期高等教育の拡大と強化策　舘　昭

この調査研究の途上で高鳥正夫先生のご逝去という事態に遭遇し、本来なら、前書と同様に、本書も先生との共編となるはずであったが、かなわぬこととなってしまった。今は、本書が、先生の意をくむ内容になっており、この出版が先生の意図どおり日本における短期大学と短期高等教育の改革と発展に資することを祈るばかりである。

なお、日本の短期大学の現状とアメリカのコミュニティ・カレッジとの比較などについては、前書『短大ファーストステージ論』で扱っているので、本書では必要最小限の記述しかしていない。短大問題の理解のために、前書を併せてお読みいただけると幸いである。また、この種のテーマの単行本の出版環境は、前書の時と同様に厳しい状況にある。その中で、本書が日の目をみたのは、ひとえに東信堂社長下田勝司氏のご尽力のおかげである。記して、感謝の意を表する次第である。

平成一四年　一月

編　者　舘　昭

注

（1）短期大学基準協会調査研究委員会『先進五カ国における短期高等教育の現状と動向の調査研究』平成一二年三月。

（2）本書において、欧米の短期高等教育課程の修了資格の訳語として、アソシエート・デグリーには日本の短期大学及び高等専門学校の卒業者の称号である準学士を当てているが、かならずしもその対応物のないものは、原語のカタカナ表記を用いている。ただし、出現頻度が高く、今後の日本の改革論議の中で口の端にのぼらざるをえない、サティフィケートとディプロマ（ディプローム）については、それぞれ「履修免状」、「得業免状」を用いることを試みている。

目　次／短大からコミュニティ・カレッジへ——飛躍する世界の短期高等教育と日本の課題

短大からコミュニティ・カレッジへ——飛躍する世界の短期高等教育と日本の課題

序章　飛躍する世界の短期高等教育と日本の課題

1　短期高等教育制度の改革の検討

わが国の短期高等教育制度は、現在、大幅な見直しを迫られている。その中核となってきた短期大学は、一八歳人口の減少と、女子の四大志向の増大などが要因して縮小傾向が続いている。高等専門学校は国立が中心ということもあって比較的安定はしているものの、その可能性を開花させるにはいたっていない。専修学校専門課程、いわゆる専門学校も、一八歳人口減のあおりをもろに受けている。労働省所管の職業能力開発機関などの学校教育法外の高等教育レベルの教育課程については、学校教育体系との関係ではその位置付けに明確さを欠いたままである。

そうしたなかで、文部大臣の諮問機関である大学審議会は、『二一世紀の大学像と今後の改革方策』を示した平成一〇年一〇月の答申において、短期大学の制度上の位置付けなどについての今後の検討方針について、「世界的には、職業人の再学習をはじめ国民の間の生涯学習需要にこたえるために適した制度として短期高等教育の充実を図る動きがみられるところであり、短期大学については、社会や時代の変化に対応した短期大学の制度上の位置付けや名称などについて今後の検討が必要であるとの意見もあることから、さらに本審議会で検討を行うことが必要である」と提起した。そして、平成一二年六月の審議の概要『グローバル化時代に求められる高等教育の在り方について』においても、「短期大学及び高等専門学校については、その制度上の位置付けについて別途本審議会においで検討を行っているが、その際にも……グローバル化時代への対応という観点を踏まえて検討する必要がある」と言及するなど、改革へ向けての審議が進められた。

ここで指摘されているように、日本の短期高等教育に関する今後の施策を検討する上で、その世界的な動向を正確に知ることは、必須の課題である。そして、この課題に応えるべく、短期大学基準協会では、平成一一年度の事業として、諸外国における短期高等教育の現状と動向に関する調査研究プロジェクトを立ち上げ、先進五カ国(アメリカ、カナダ、イギリス、ドイツ、フランス)を対象に調査を実施した。

2　諸外国の動向

そして、その調査の結果は、いずれにおいても短期高等教育の進展がみられ、国としての強化策が取られているという、前記の大学審議会答申の指摘を裏付けるものだったのである。その内容の紹介は、本章各章の課題であるが、ごく概括的にいえば次のように叙述できる。

(1)　イギリスにおいては、高等教育全般の拡大方針の中で、特に短期高等教育部分の拡大、強化が国の政策となっている。また、日本と同様に短期高等教育資格を学位の一種に位置付けようとする動きもみられる。短期高等教育の役割は技術、職業分野を主とするが、実際には学士課程への編入も増加傾向にある。また、継続教育機関の整備が進められ、公的な生涯学習システムが確立しつつある。

(2)　アメリカでは、コミュニティ・カレッジと総称される公立短期大学が地域に定着している。加えて、多くの州で公立の技術教育機関の強化が図られ、連邦政府レベルで高等教育二年分の奨学金や税額控除などの支援策が打ち出されている。私立短大は減少傾向にあるが、それは短期高等教育の需要の低下が原因ではなく、授業料が四分の一程度ですむ公立短大の拡大によるものである。そして、編入教育を得意とする私立短大の人気は高く、日本の専門学校に近い営利の職能学校もある程度の繁栄をみせている。

(3)　カナダでは、従来から技術教育機関としての公立の短期大学が発達している。しかし、近年では、そこからの大学編入が一般化しつつあり、また、学位としての準学士号を出す機関も増えている。

(4)　ドイツでは、四年制であるが通常六年ほどを要する総合大学に対し短期の専門大学が発達しており、また、一部の州では、職業分野では三年制の職業アカデミーが重要な役割を果たすようになってきている。

(5)　フランスについては、政策的に短期の技術教育機関を拡大する政策が採られており、そこからの大学編入も増加傾向にある。

職業技術教育、大学編入教育、文化の享受といった多様な機能を果たす短期高等教育は、従来アメリカで発達したものであるが、そのアメリカではさらに広い年齢層に対して提供するものとして進化をとげつつある。そして、従来、この種の教育が未成熟だったヨーロッパにおいても、同様の傾向が現れはじめており、特にイギリスにおいて顕著な展開をみせている。イギリス政府が現在、準学士学位を制度化しようとしていることにふれたタイムズ高等教育版の記事では、「イギリスの政治家や行政官たちは、アメリカが人口の六〇％が何らかの形で高等教育に参加するという、『世界の羨望の的』である高い就学率を生み出す助けとなるものとして、コミュニティ・カレッジ・システムに興味を抱いている」(Tysome 1999: 17)と指摘している。また、従来は、技術教育に特化するといった独自の発展をみせていたカナダにおいても、アメリカに近い状況が生まれつつある。

そして、なにより、これら各国において、短期高等教育を学習社会＝生涯教育体系の要に位置付ける国家政策が形成されつつある点が注目される。そして、設置形態はともかく、教育費の基幹部分は公費で支えようとする施策の展開がある。もちろん、そこには、評価の導入のような市場原理と競争原理が働くような、施策が付随している。しかし、それは、日本で、往々にして誤解されているような、親の支払う市場ではなく、主として政府が支払う市場のもとでの、各機関の競争なのである。

3　生涯にわたる高等教育のファーストステージ

このように、この調査結果は、一九九八年に高鳥・舘編の著作『短大ファーストステージ論』で提起した、「短期大学は生涯にわたる高等教育のファーストステージである」というコンセプトが、国際的なレベルでは達成されつつあることを示す内容となっている。そして各国において短期高等教育の強化策が打ち出されている背景には、工業社会から知識社会への移行に伴う、高等教育の根本的な機能変化がある。情報技術(IT)革命を基礎とするこの変化を、高等教育のエリート・マス・ユニバーサル三段階論の提唱者として有名なマーチン・トロウは、「情報技術の発展はかつては教育者の夢想にすぎなかったもの、つまりすべての人が生涯を通じて、都合のよい場所や時間に教育の機会をもつ可能性を実現させることになる。情報技術の発展はさらに、高等教育へのユニバーサル・アクセス(万人のための教育機会の提供)という考え方に、これまでとは異なった新しいコンセプトを与える結果となった。それは、伝統的な大学適齢人口の学生が誰でも高等教育レベルの学習の機会を得られるという従来の観念から、人々がキャンパスに限らず、家庭や職場でもどこでも生涯に渡って教育の機会に与ることができるという、ユニバーサル・パーティシペーション(万人の教育参加)というコンセプトへの移行である」(トロウ、二〇〇〇、八二頁)と表現している。

これまで、高等教育の発展段階として、エリート、マスの後のユニバーサル段階を想定してはいたが、そのイメージは中等教育卒業直後の若者の就学のユニバーサル化であった。しかし、知識社会では、すべての国民に、少なくとも中等教育修了レベル以上の教育が必要な状況が現出してきている。ほとんどの職業分野で最低学歴が高卒から準学士レベルへ、準学士レベルから学士レベルへ、学士レベルから大学院レベルへと移行する。また、どのレベルの修了者にも継続専門職教育の必要が発生する。

それどころか、専門を転換する必要や文化の享受の要求から、例えば博士号をもつ者が他分野の修士を、学卒者が準学士レベルの学習を必要となるなどの、必ずしもレベルの上下を問わない学習需要が起こっている。また、社会変化に対応するための学習、長期化した人生の人格形成のための学習の需要が高まる。そして、これらを提供する労働や生活から相対的に独立した意図的、組織的学習機会を提供する教育課程の提供が、社会存亡の要となる。

この中で、成人学生にとって、アクセスがよい短期課程、特に質の保証された短期大学は、初めての高等教育経験、短期の訓練で参入できる職業分野の教育、専門転換の第一段階、学士課程前期教育の良質かつ便宜な提供、さらには人生の転換点での人間形成の支援、国家社会の形成者としての資質の向上という形で、生涯にわたる高等教育のファーストステージの役割を期待されている。そして、直接には金銭に結びつかない純粋科学の研究支援とともに、社会福祉的要素のある高等教育セクターとして、もっとも公的には財政支援を受ける、という形で、各国では未来図が描かれており、日本でも、政策的な展望をもって、その改革に取り組まなければならない。

日本の場合、今でこそ高等学校卒業者の約半数が、大学又は短期大学に入学しているが、一九九〇年の大学・短大進学率は三六％。一九八〇年は三七％、一九七〇年は二四％、一九六〇年ではわずか一〇％という状態であった。**図表序－1**は、現在、特定年齢の者のうち、何人が大学・短大の未経験者なのかを、当時の進学率から逆算して推定したものである。もちろん、後日に社会人入学

図表序-1　大学・短大未経験者数　（推定の近似数）

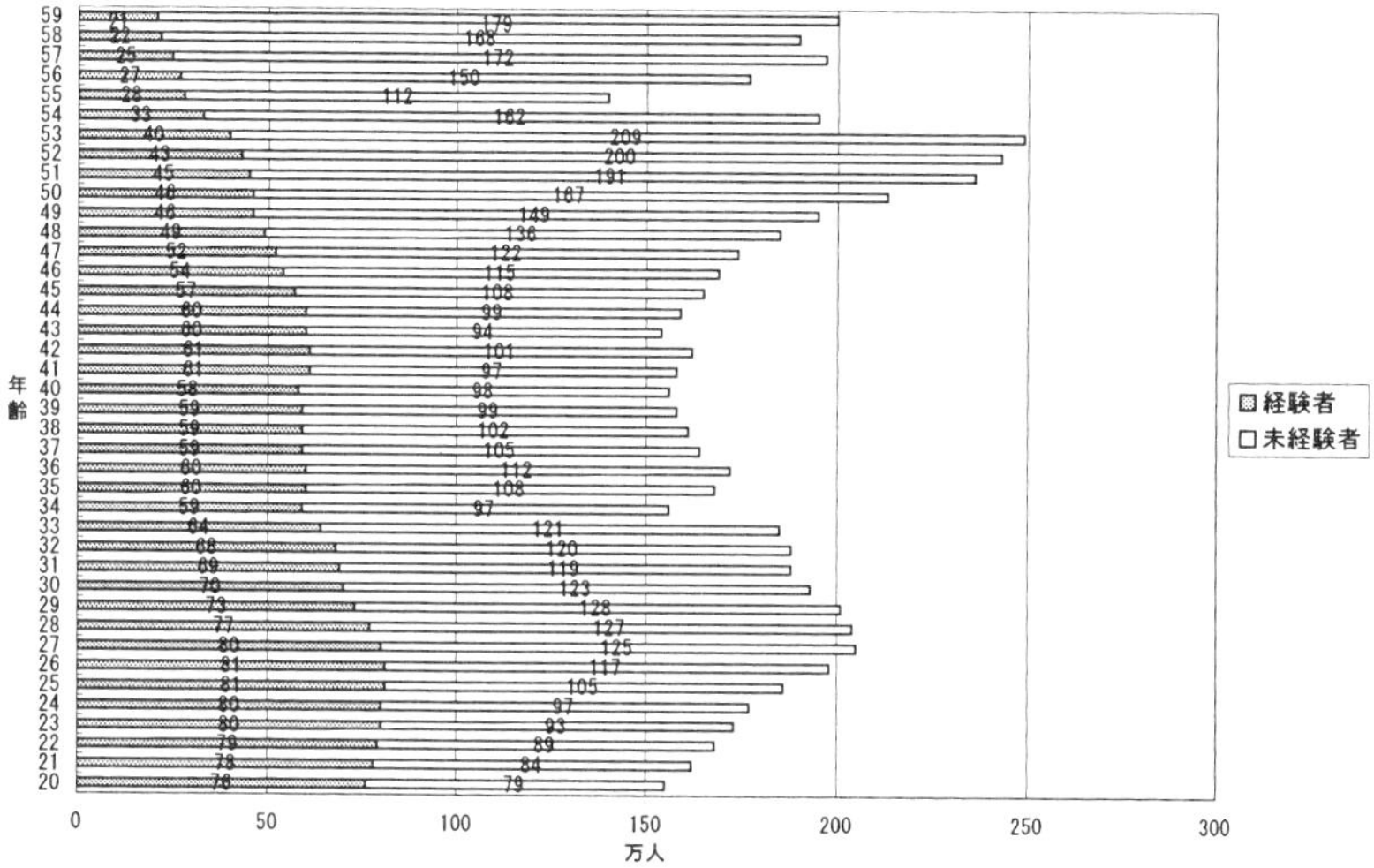

出典：文部（科学）省「学校基本調査」の数値を基に作成。

した者があり、また全体では死亡者もあるので、この数字はあくまで目安であるが、例えば現在二九歳者のうちの一二八万人、四九歳者のうちの一四九万人、五三歳者のうちの二〇〇万人ちかくが未経験者であることは間違いないのである。

高等教育機関の側からみると、これらの人々に対して当時は定員などの余力がなくて機会を提供できなかったわけであり、いま定員割れなどの余力ができてきたのであるから、積極的に需要に応え、掘り起こすという姿勢が取られるべきであろう。また、その際、潜在的にはすべての成人が顧客となるが、個々の成人の置かれている立場と要求は個性的であることに注意を要する。個々の機関においては、対象の個別性が強いことから、経営上、本格的なマーケティングの実施と、需要の変化に対応できる柔軟な組織への転換が必要となるのである。

引用文献(引用順)

・Tysome, T. 1999, "Lessons from the American Model," *The Times Higher Education Supplement*, December 17.
・トロウ・M(喜多村和之編訳)、二〇〇〇年、『高度情報社会の大学』玉川大学出版部。

参考文献

邦文文献

・大学審議会、一九九八年、『二一世紀の大学像と今後の改革方策』。
・――――、二〇〇〇年、『グローバル化時代に求められる高等教育の在り方について』。
・高島正夫・舘昭編著、一九九八年、『短大ファーストステージ論』東信堂。

(舘　昭)

第一章　イギリスの短期高等教育の拡大と強化策

1　はじめに

本章では、イギリスにおける短期高等教育の展開情況について紹介する。正確な国名である「グレート・ブリテンおよび北アイルランド連合王国」が示すように、イギリスは連合国家であり、イングランド、ウェールズ、スコットランド、北アイルランドごとに教育体制を異にする。もちろん、基本的な政策や動向には共通性があるものの、特に、スコットランドと他の国々との間での高等教育の制度上の差は大きい。例えばイングランドなどでは学士に当たる第一学位課程が通常三年であるのに対して、スコットランドでは四年といった具合に違っているのである。

そこで、この報告書では、スコットランドについては次章で扱うこととし、本章では、イングランドを中心とした短期高等教育の制度及び動向についてレポートする。

2　イギリスの短期高等教育と「短期大学」

1　イギリスの短期高等教育

イギリスでは第一学位(学士)、修士、博士などの学位課程と、高等国家履修免状《サティフィケート》(NHC)、高等国家得業免状《ディプロマ》(HND)や高等教育得業免状(Dip HE)などの副学位レベルの課程が高等教育とされる。このうち、修士、博士は学士取得より上の学位であり、学士は通常フルタイムで三年の課程であるが、これが第一学位とされるので、日本の四年制大学卒に該当する。これに対して、高等国家履修免状は一年、高等国家得業免状や高等教育得業免状は二年課程が基本とされるので、これらの資格課程が、日本の短期高等教育に該当するということができる。

また、日本との対比でいうと、義務教育段階より上のいわゆるAレベルの教育も日本の短期高等教育に相当する要素をもっている。イギリスの初等学校は日本より一歳早い五歳から始まり、初等学校六年の後の中等学校では五年、一六歳相当までが義務教育となっている。義務教育修了者のうち、高等教育への進学を目指すものは、その入学に要求されるAレベル試験（GCSE、GCE）の準備をするために同じ学校の六学年（シックスフォーム）に進級するか、シックスフォーム・カレッジと呼ばれる準備学校に進学し、二年程度の教育を受ける。

つまり、イギリスの高等教育進学者は通常一八歳で、日本の高等学校卒業者と同年齢であるが、初等教育入学年齢が一歳早いため、教育期間としては初等六年、中等義務教育五年、Aレベル準備級二年の合計一三年で、日本の義務教育九年、高等学校三年の合計一二年より一年長くなっている。また、イギリスの大学教育は日本のそれより専門化しており、日本の教養課程に近い教育は、Aレベルの学習において行われているともいえるのである。事実、一般に日本の高等学校卒業ではイギリスの大学に入学できず、留学してAレベルの学習をするか、ファンデーション・コースなどと呼ばれる基礎課程を受けるか、日本の大学の一～二年次の修了や短期大学を卒業していることが要求

図表1-1　イギリスの短期高等教育

日本の短期高等教育の「専門課程」に相当するもの	
高等教育得業免状（Dip HE）	芸術、人文学、社会及び自然科学にわたり広い分野で提供されるフルタイム２年相当の課程。修了者の多くが、学士課程へ進む
高等国家得業免状（ＨＮＤ）	商工教育資格評議会（ＢＴＥＣ）の認定するフルタイム２年相当の課程
高等国家得業免状（ＨＮＣ）	商工教育資格評議会（ＢＴＥＣ）の認定するフルタイム１年相当の課程
日本の大学の「教養課程」にある程度相当するもの	
シックスフォーム等Ａレベル課程	高等教育進学試験であるＡレベル試験の通常２年の準備課程
ファンデーション、アクセス、ブリッジ、コースなどの基礎課程	Ａレベルと別ルートで高等教育に進学するもののための通常１年の課程

される。

上記の基礎課程は、留学生のためのものにとどまらない。イギリスでは、二一歳未満の者が高等教育に進学するには少なくとも二科目（高等国家得業免状などでは一科目）のＡレベル試験に合格していなければならないが、二一歳以上の場合は、高等教育機関ごとに職業資格の評価など様々な審査によって入学が可能となる。そして、Ａレベル並みの準備が必要とされる者、Ａレベルに合格していても進学する専門とマッチしていない者は、通常一年の基礎課程での学習が課される。この基礎課程は、学位課程の一部であるとされる（本体の課程をレベル1～3とした時の、レベル0）ことからも、Ａレベルの教育が、日本の短期高等教育に相当する面があることがわかる(Lawton and Gordon 1993; Higginbotom 1999)。

この様な日本の短期高等教育に相当すると考えられるイギリスの教育を、「専門課程」と「教養課程」に相当するものに分けて一覧にすると、**図表1-1**になる。

2　イギリスの短期高等教育実施機関と短期大学

　では、こうしたイギリスの短期高等教育は、どのような機関において担われているのだろうか。まず、イギリスで高等教育機関とされるものには、大学（ユニバーシティ）と高等教育カレッジと総称されるものがある。ユニバーシティは自ら学位授与権をもつが、ほとんどの高等教育カレッジは特定の大学と連合を組んで学位を授与している。以前にはこの他にポリテクニックと呼ばれる国家学位評議会（ＣＮＡＡ）から学位を授与される高等教育機関があり、一九九二年にそのすべてが大学に改組されている。一九九九年現在のイングランドにおける校数は、大学八七、高等教育カレッジ四七（合計一三四機関）であり、これらの高等教育機関には、次節でみるように、旧ポリテクニックを中心に短期の「専門教育」課程をもつほか、「教養課程」に相当するファンデーション課程が置かれている。

　そして、イギリス短期高等教育の第二の担い手が、継続教育諸機関である。イギリスでは、義務教育後の教育のうち、高等教育を除く教育が広い意味での継続教育(continuing education)とされ、シックスフォーム・カレッジ、一般的な継続教育カレッジおよび第三段階カレッジ、農業および園芸カレッジ、芸術、デザインおよび演芸カレッジ、指定（特殊教育）カレッジに分類される。一九九九年現在でシックスフォームカレッジは一〇五校、一般的な継続教育カレッジおよび第三段階カレッジは二七八校、農業および園芸カレッジは二五校、芸術、デザインおよび演芸カレッジは七校、指定カレッジは一三校存在する。

このうち、シックスフォーム・カレッジはAレベルの大学準備課程であるが、継続教育カレッジにおいても、一般の職業教育や教養教育の他に、高等教育に分類される高等国家履修免状や高等国家得業免状の課程、さらにはAレベルの課程を提供している。また特定の大学に連動したアクセス・コースなどの基礎課程をもつものもあり、その機能は大学編入教育や準学士レベルの職業教育、一般的な教養教育を提供するアメリカのいわゆるコミュニティ・カレッジに類似している。こうしたことから、イギリスの継続教育カレッジを、日本の短期大学に近い機関だとみることができる。

高等教育の資金については、その資金供給は議会の承認のもとに政府によって供給される。イングランドの場合その根拠となる財政需要を毎年、教育雇用省に助言するのが、イングランド高等教育財政評議会(HEFCE)である。また、評議会は、国務大臣の定める大綱的な基準に従って、個々の大学に対する実際の財源配分を決定する。その配分対象の高等教育機関は前出の様に一三四機関で、その他に旧国家学位評議会の傘下にあった高等教育課程をもつ継続教育機関七二校にも資金供給を行ってきた。また、第3節で紹介する、短期高等教育の強化政策の中で、すべての継続教育機関に置かれている高等教育課程に高等教育財政評議会が資金供給をすることが決まり一九九九―二〇〇〇年度からはそれに約二〇〇校が加わっている(HEFCE 1998, 1999)。

なお、継続教育の資金については、継続教育財政評議会(FEFC)が、同様の手続きで資源配分を行ってきた。高等教育機関であっても、継続教育に当たる教育の資金は継続教育財政評議会から配分されるのであり、一九九九年現在では五一の高等教育機関がその配分を受けている。ちなみに、基礎課程については、財政上の扱いは高等教育のレベル0として扱われている。継続教育財政評議会の資金を得ている継続教育機関の在籍学生数は、一九九七―九八年度で、三一七万人である(FEFC 1998)。

なお、継続教育評議会は、二〇〇一年の三月に、訓練・企業評議会(TEC)と合併し、学習・技能評議会(LSC)として再出発しているが、上記の機能に変化はない。

3　ノースウェストロンドン・カレッジの高等教育課程

次に事例を取り上げて、短期高等教育課程の実態をみてみよう。ノースウェストロンドン・カレッジは、一般的な継続教育カレッジに分類されるもので、一九九一年にウィルスデン・技術カレッジとキルバーン・カレッジを合併して作られた。教育は四つのキャンパスで行われており、その提供する分野は科学・数学・コンピュータ、建設、自動車エンジン・電気／電子工学、ビジネス、ホテル・ケータリング、健康・地域ケア、芸術・デザイン・人文学、外国人への英語・学習障害者教育の九分野を提供するという幅の広さをもっている。一九九七年の継続教育財政評議会の評価報告書(FEFC 1997)によれば、このカレッジの置かれている地域は、人口の四五％が少数民族、他二〇％がアイルランド人で、大ロンドン圏で最も難民や亡命者の多い地域でもある。また所得水準も低く、失業率も大ロンドン圏の九・六％に対して、この地域のそれは一二％と高めになっている。そのことは、このカレッジの抱える使命の大きさを示している。

同じ報告書によれば、一九九五―九六年度の学生数は一万一〇七九人で、そのうちの四三％が女

図表1-2　ノースウェストロンドン・カレッジの学生の年齢構成と学習レベル

年齢層	16歳未満	16-18歳	19-24歳	25歳以上
割　合	1%	15%	25%	59%

学習レベル	初級	中級	上級	高等教育	余暇
割合	33%	31%	27%	8%	1%

図表1-3　ノースウェストロンドン・カレッジのアクセス・コース

コース	態様	期間	時間数／週	授業料		
				国内生	海外生	特許料金
会計（2）	週4回	35週	16時間	597	2755	15
教育学士	週4回	36週	16時間	597	2755	15
ビジネス（2）	週4回	35週	16時間	597	2755	15
コンピュータ、数学&科学	多様	35週	16時間	597	2755	15
デザイン	週3回	36週	16時間	597	2755	15
接客&旅行業	週3回	36週	16時間	597	2755	15
法律研究（2）	週4回	35週	16時間	597	2755	15
心理と社会研究	週4回	36週	16時間	597	2755	15
社会福祉	週4回	36週	16時間	597	2755	15
スポーツ&余暇経営	週3回	36週	16時間	597	2755	15
劇場研究	週4回	36週	16時間	597	2755	15
看護&保健	不明	36週	16時間	597	2755	15
コミュニケーション&メディア	週4回	36週	16時間	597	2755	15
美術&デザイン	週3回	36週	16時間	524	2700	15
社会福祉	週1回昼間	35週	5.00時間	237	958	15
科学&技術	週4回夜間	12週	5.00時間	64	304	15
社会福祉	週2回夜間	35週	6.50時間	237	958	15
心理と社会研究	週2回夜間	35週	6.50時間	237	958	15

注：(2)を付した科目は2キャンパスで実施。

性である。三四%がアフリカ系又はカリブ系黒人、三四%が白人と申告している。また、**図表1-2**の様に、五九%の学生が二五歳以上であり、一六〜一八歳の学生はわずか一五%である。また高等教育の短期「専門課程」に当たる「高等教育」レベルの学生が八%、「教養課程」に相当するAレベルを含む「上級」の学生が二七%いる。このカレッジでは、Aレベルのコースとして六コースを夜間に開設しているほ

図表1-4　ノースウェストロンドン・カレッジの短期専門課程の例

コース	態様	期間	時間数／週	授業料		
				国内生	海外生	特許料金
会計 ATT NVQ4	週4回	35週	16時間	609	2785	15
自動車管理 BTEC HND	週3回	35週	16時間	1110	4958	15
自動車管理 BTEC HNC	週1回	35週	8.75時間	595	3335	15
自動車 BTEC HNC	週2回夜間	35週	5時間	595	1712	15
建築研究 BTEC HND	週3回	35週	16時間	1110	4958	15
測量研究 BTEC HND	週3回	35週	16時間	1110	4958	15
土木研究 BTEC HND	週1回	35週	16時間	1110	4958	15
建築研究 BTEC HNC	週1回	35週	8.75時間	595	3335	15

図表1-5　ノースウェストロンドン・カレッジの収入構成(1996年6月までの12カ月)

収入元	ＦＥＦＣ交付金	教育契約	授業料等料金	他の交付金収入	他の運営収入	投資収入
割合	77%	2%	5%	14%	1%	1%

注：総収入は24,142,000ポンド。

か、ミドルセックス大学と連携関係にあり、**図表1-3**のようなアクセス・コースをもっている。また、短期専門課程の例を、**図表1-4**に示した。

卒業者の進路については、一九九六年のデータで、全体の六%の者が大学に進んでおり、四二%がさらにこのカレッジの他のコースに入り、七%が他の継続教育カレッジに移り学んでいる。就職したことがわかっている者は一四%で、他の三一%の進路は不明となっている。また、大学進学の状況としては、アクセス・コースを取った者の四八%、Aレベル試験を二科目以上取った者の八二%が大学進学を果たしている。

さらには、学生の内の約二〇〇〇人が避難民あるいは亡命希望者である。また、授業料が年間一五ポンドですむ特許料金の者が学生数の七〇%を占める。その結果、**図表1-5**にあるように、このカレッジの総収入に占める授業料などの料金からの収入の割合は五%と極めて低いものになっている。これに対して、継続教育財政評議会からの交付金は七七％に上り、他の交付金と合わせた交付金の総額は九〇％を超える。

4　サウスバンク大学の短期課程

この大学は一八九二年にボロウ・ポリテクニックとして設立された。一九七〇年に他の四つのカレッジを併合してサウスバンク・ポリテクニックとなり、一九九二年に大学になる。その後、拡大を続け、現在では学生数約一万九五〇〇人のロンドンにおける最大級の大学の一つとなっている。学生の半数強が女性で、また成人学生が過半を占める。外国人学生が約二五〇〇人おり、学生数の一三％に当たる(South Bank University 1999)。

この大学の学部段階で提供されている教育は、授与される資格で見ると学士学位(学部段階優等学位)と短期高等教育資格である高等国家得業免状・履修免状(ＨＮＤ、ＨＮＣ)及び高等教育得業免状(Ｄｉｐ、ＨＥ)となっており、この大学が短期教育を提供していることがわかる。また、この大学では、いくつかの学位課程に基礎課程であるファンデーションを開設している(図表１－６)。

この様に高等国家履修免状および得業免状課程は工業技術およびビジネス分野で設定されており、前者では一〇単位、後者では一六単位の履修が要求される。この一単位は一五〇時間の学習量であり、日本の単位でいえば前者では三三単位強の、後者では五三単位強の履修要件となる。また、これらの課程の大部分が、当該分野の学位課程とリンクしていて、多くの学生が進級している。一方、高等教育得業免状の方も原則として一六単位の履修を課すものであり、多くの学位課程で何らかの理由で学位取得まで学習を継続できない学生のために用意されている。そして、将来の学習復帰が期待されている。なお、看護の高等教育得業免状は、年間四五週、三年間の課程であり、同一名称であってもより厳しい要件を課すものである。

3　副学位レベルの拡大政策と学位化の動き

1　副学位レベルの拡大政策

イギリスでは、戦後においても大学は国の教育政策とは独立の自治機関として存在し、一方、継続教育カレッジは初中等教育機関とともに地方教育当局の所管のもとに置かれて

図表1-6　サウスバンク大学の短期高等教育課程の例

課程	態様
HNC／D　土木工学研究	フルタイム2年、パートタイム2年
HND　建設	フルタイム2年、サンドウィッチ3年、パートタイム3年
HNC　建設	パートタイム2年
建築研究履修免状	フルタイム1年
建築研究得業免状	フルタイム2年
HND　土地管理	フルタイム2年
HNC　土地管理	パートタイム2年
HNC　住宅	パートタイム2年
会計ファンデーション・コース	フルタイム1年
HND　ビジネス研究	フルタイム2年、サンドウィッチ3年
HNC／D　ビジネス情報技術	フルタイム2年、パートタイム3年（HNC-2年）
HNC／D　電子商取引	フルタイム2年、パートタイム3年（HNC-2年）
HND　コンピュータ	フルタイム2年、パートタイム3年
HND　インターネット	フルタイム2年、パートタイム3年
Dip HE インターネット	パートタイム年（夜間）
Dip HE 看護研究（成人）	フルタイム3年（年間45週）
Dip HE 看護研究(精神保健)	フルタイム3年（年間45週）
Dip HE 看護研究（小児）	フルタイム3年（年間45週）
Dip HE 助産	フルタイム18週
HND　応用生物学	フルタイム2年
HND　食品技術	フルタイム2年

きた。高等教育の拡大が起こって、その国家政策が必要となって登場した一九六三年の「ロビンズ報告書」の登場以降、大学の拡張に加え、ポリテクニックと呼ばれる実業中心の高等教育機関が整備されたが、これも地方教育当局の所管で、財政面や学位授与権など多くの制約をもっていた。そして、一九七〇年代になると、大学は拡大したが、逆にイギリス経済は後に「イギリス病」を称されるまでに弱体化するという事態が現出する。

これに対して、一九七九年に政権についた保守党のサッチャー首相のもとで、高等教育政策の大転換が図られた。それは、当初は大学に対する補助金のカットと競争原理の導入といった形で現れたにすぎなかったが、一九八八年の教育改革法と一九九二年の継続教育・高等教育法の制定を通じて、高等教育を社会のニーズと密接な関連のもとに飛躍的に発展させよとする国家政策となって結実した。そこでは、ポリテクニックが大学としての地位を得て地方教育当局の所管から外れ、旧大学とともに新設の高等教育財政評議会の管轄下に置かれ、活動の基盤を強固にした。そして、継続教育カレッジも地方教育当局のもとから離れ、独立の機関として、継続教育財政評議会を通じて国の支援と監督を受けて活動する機関へと変身したのである。

そして、現在のイギリスの高等教育政策の基調を形づくったのはデアリングを委員長とする高等教育検討国家委員会の一九九七年七月の報告書『学習社会における高等教育』(The National Committee 1997)である。この委員会は、その先二〇年間におけるイギリスの国家的な必要に見合う高等教育のあり方を検討するために、一九九六年五月に政府の諮問機関として発足した。報告書の完成までに、各界の意見聴取、作業部会、日本を含む諸外国の調査、過去三〇年あまりのイギリスの高等教育の調査分析を実施し、高等教育の目的、規模、財政、教育、研究および学生支援、情報技術の活用など、高等教育全般について検討を加え、高等教育の生涯教育社会の形成と経済の国際競争力の向上における役割を強調した報告書をまとめた。

この通称デアリング報告書では、高等教育の規模について、特に短期高等教育課程に注目し、その抑制策の解除を求めた。イギリスの副学位レベル課程の学生数は、一九六二—六三年度の二〇万人から、一九七九—八〇年度の二一万人、一九九五—九五年度の三八万人へと増加しているが、この間学生総数は三二万人から六七万人、一四八万人へと増加しており、短期課程在学者、学士課程在学者、大学院在学者の割合は、六二：三二：六から、三二：五六：一二、二六：六〇：一四と、短期課程の学生比率が下がっていると分析し、今後の高等教育の拡大を主として副学位レベルで行うよう、以下の提言した。

［勧告1］

我々は政府に、高等教育の、その多くは副学位レベルであることが期待される需要の拡大に対処するための長期的な戦略を持ち、その目的の達成のため、今後二、三年にわたって学部段階のフルタイム定員の上限を引き上げ、フルタイムの副学位定員の上限を直ちに引き上げるように勧告する。

この報告書では九三件の勧告がなされているが、上記の勧告はそのトップにくるものであった。この委員会は保守党政権下で設置されたが、その勧告を受けとめる立場に立ったのは労働党政権であった。しかし、労働党政権は、即座に、この報告書の行われた勧告を基本的に受け入れることを表明し、勧告に対する政府の対応は迅速になされた。報告書提出後一年足らずの一九九八年二月に、デアリング報告書にどの様に答えたかという形で政府の高等教育政策を示した教育雇用省の政策文書である『二一世紀の高等教育―デアリング報告書への対応―』(DfEE 1998)では、「勧告1」に対する下記のような政府の立場と、すでに採られた施策が次のように説明されている。

〔対応1・1〕

政府は個人及び経済の両者の必要に応えるために高等教育需要の増大に対応することの重要性を認識している。フルタイムの副学位の定員の上限を直ちに引き上げるようにとの委員会の勧告に応じて、イングランドでは、一九九七年九月二三日公表の高等教育財政予算には、主に継続教育カレッジにおける、副学位レベルの拡大を再開させるための四〇〇〇万ポンドが計上された。

〔対応1・2〕

近年の政府の目標は、委員会が勧告したように、提供される高等教育の品質を維持、改善しつつ、もっと多くの人々が高等教育に進めるようにすることである。政府は、高等教育の能力をもつ者は誰でもそれを享受する機会を得るべきであるという原理に従っている。生涯教育における大学やカレッジの役割は、現在の学生数の上限を引き上げることによって、強化される。高等教育の学生数の増加は、若者とともに成人学生の増大によってなされ、若者からの要求と高等教育へのアクセスの拡大の両方を可能にする。委員会は高等教育需要の拡大の多くは副学位レベルでなされるべきだと期待し、政府は高等教育の将来像にもつそのことの意義を考えに入れている。

また、継続教育カレッジで実施されているものでも、高等教育課程については高等教育財政評議会が資金を供給するように勧告(勧告六七)し、これは一九九九―二〇〇〇年度から実施に移されている。これによって、継続教育カレッジは、短期教育課程にはより単価の高い資金を得るようになった。その数は、第1節の2で指摘したように、イングランドでは約二〇〇校にのぼる。

今や、継続教育カレッジは、シンデレラ部門と呼ばれ(Thomson 1999a)、ここ五年ほどの高等教育の拡大の目玉となっている。イングランドにおいて、一九九九―二〇〇〇年度に四万五〇〇〇人の高等教育定員の拡大を行ったが、そのうちの三万二〇〇〇人(七一%)が副学位レベルである。このうちの半数以上が継続教育カレッジに配分され、残りが大学をはじめとする高等教育機関の分であった。

この様に、政権の交代にもかかわらず、副学位レベルの短期高等教育の強化拡充の政策が継承、発展している背景には、このことが多くの国民の合意となっているということが指摘できよう。一九九五年一〇月のタイムズ高等教育版の記事によれば、すでに当時の与党である保守党と野党の労働党および自由民主党の間に高等教育規模の抑制を解き、二年制の教育を重視するという方向で大きな差は無くなっていたのである(Tysome 1995a)。

2　副学位レベル資格の学位化の動き

この様な副学位レベルの資格課程の拡大と並行して、これらの資格を学位として位置付け、アメリカに倣った準学士の学位(associate degree)を導入し、副学位レベルの諸資格に置き換えようとする動きがある。

そもそも、今回、この動きは、一九九四年の高等教育品質評議会(ＨＥＱＣ)の報告書『変革の選択』で、準学士の導入が高等教育と継続教育を通じた単位累積移籍枠組みの構築やバウチャー制度の導入とともに提唱されたことに端を発している(Tysome 1995b)。その後、一九九五年には職業資格国家評議会(ＮＣＶＱ)が、これと同様な提案を行い(Tysome 1995c)、上記の一九九五年一〇月のタイムズ高等教育版の記事でも、各党ともこの導入を考慮していることが伝えられている(Tysome 1995a, 1995d)。もっとも、大学側からは、これが従来の学位課程への関心の低下を招くという懸念が表明されたり(Tysome 1995c)、あるいは副学位というような二流の名称は必ずしも短期高等教育を推進することにならないといった批判(Gravatt 1997)もあった。そして、デアリング報告書では、副学位レベルの拡大はいの一番に提案したが、準学士学位の導入は見送られたのである。

しかし、この問題はそれで終息はしなかった。特に、高等教育課程を提供している継続教育カレッジではその導入を望む声が高く、大学でもその授与を検討するところが現れた。こうした動向を背景として、一九九九年秋の労働党大会で、ブレアー首相は、半数の国民が三〇歳までに高等教育を享受できるようにすべきだとし、その目標の実現のために、強力な職業的内容をもつ二年制の準学士学位の導入の検討を提唱し、注目を集めた(Thomson and Goddard 1999)。

また、この準学士学位導入の構想は、雇用者側の支持を得ているとの報道もある。一九九九年一〇月のタイムズ高等教育版では、国家訓練機関の全国評議会が職業性を重視した学位の導入を提言していることを紹介し、その議長の「高等教育システムは、産業が必要としない人々を生み出している。我々は、常に従来からの高等教育得業免状を支持している。それを準学士と呼ぶようになれば、より多く潜在的な学生を引き付けるだろう」という発言を伝えている。

一九九九年の末になると、準学士学位導入は、「継続教育開発機構」、エデクセル、「公開カレッジ・ネットワーク」、シティ・アンド・ギルド、さらには一六歳後教育の機関の新しい総括団体である「資格および教育課程機構」などの支持するところになり(Tysome 1999a)、特に継続教育開発機構からは、二〇〇〇年の春から試行を開始し、二〇〇一—〇二学年には実施に移すよう、具体的な提案をおこなっている。また、短期高等教育課程をもつ継続教育カレッジは、準学士制度の導入と合わせて、新しいポリテクニック制度の創設も視野にいれた活動を開始している(Thomson 1999b)。

準学士課程の導入の動きは、継続教育カレッジにとどまるものではなく、大学でもその導入を考えるところが出始めている。例えばミドルセックス大学では、フルタイムで二年、パートタイムで三年、五分野で、研究法と基礎技能のモジュール型の学習とプロジェクトをもとにした論文を組み合わせた準学士課程の青写真を公表している。この準学士の取得者は、学士課程の三年次に編入できるとしている(Tysome 1999b)。

二〇〇〇年に入ってからの政府の動きとしては、二月になって、教育雇用大臣のブランケット(David Blunkett)が、二年制の基礎学位の二〇〇一年からの導入を表明して、二〇〇二年までに計画される一〇万人の学生数増を、この新学位課程で行う方針を示した(THES 2000)。このような短期課程の学位化については、依然として疑念を呈する向きも多いが、実現に向かって大きく踏み出したことは確かなところである(Coupland 2000)。

以上で、イギリスの短期高等教育の現況をみてきた。これを本書の「短期大学は生涯に渡る高等教育のファーストステージ」というコンセプトとの関係でみると、イギリスでは、①国民の生涯学習政策が確立している、②その中で短期大学教育が重視され、③それ自体でまとまった課程であるとともに、学士課程ともつながるものとして位置付けられ、④継続教育カレッジと大学の両者に組み込まれることによって多様なアクセスが可能となっているといった点で、そのコンセプトを裏付けるものとなっているといえよう。

日本においても、すでに理念としては生涯学習体系の確立がいわれて久しいが、いまだにその実質を築けないままにいる。しかし、イギリスとの対比でみると、その政策の中に短期大学の明確な位置付けを欠いていることが、その一因となっていることが知れる。また、今日のイギリスの短期高教育が、イギリス病とまで言われた経済の弱体からの脱却の過程で成長してきたものであることは、経済不況に喘ぐ日本にとって大きな示唆を含むものとなっている。

引用文献(引用順)

・Lawton, D. and P.Gordon, 1993, *Dictionary of Education,* Hodder & Stoughton.
・Higginbotom, G., 1999, *Going for Higher Education,* Pathways.
・HEFCE, 1998, *Funding Higher Education in England*, November 98/67.
・――――, 1999, *Higher Education in the United Kingdom,* January 99/02.
・FEFC, 1998, *Student Numbers at Colleges in the Further Education Sector and External Institutions in England in 1997-98: Staff and Student Statistics - Press Notice,* 22 December 2988.
・――――, 1997, *The College of North West London: Report from the Inspectorate.*
・South Bank University, 1999, *South Bank University Undergraduate Prospectus Entry 2000.*
・The National Committee for Inquiry into Higher Education, 1997, *Higher Education in the Learning Society.*
・DfEE, 1998, *Higher Education for the 21st Century: Response to the Dearing Report.*
・Thomson, A., 1999a, "Cinderella Steps Out," *The Times Higher Education Supplement,* April 16.
・Tysome, T., 1995a,. "Consensus Marks Rival Party Plans," *The Times Higher Education Supplement* , October 20.

- ———, 1995b, "Academics keep CAT in the Bag," *The Times Higher Education Supplement,* July 21.
- ———, 1995c, "GNVQ 'Degrees' Mooted in Paper," *The Times Higher Education Supplement,* September 15.
- ———, 1995d, "Numbers to Fined Their Own Level," *The Times Higher Education Supplement* , October 6.
- Gravatt, J., 1997, "Frames and Ambition," *The Times Higher Education Supplement,* November 14.
- Thomson, A. and A. Goddard, 1999, "Populist Labour Swells HE Ranks," October 1.
- Tysome, T., 1999a, "FE Plans US-style Degrees," *The Times Higher Education Supplement* , December 3.
- Thomson, A., 1999b, "Colleges Plan for a New Sector," *The Times Higher Education Supplement,* November 5.
- Tysome, T., 1999b, "Middlesex Blazes Associate Trail," *The Times Higher Education Supplement,* December 10.
- THES, 2000, "HE Prepares for Sub-degree qualifications," *The Times Higher Education Supplement* , February 11.
- Coupland, G., 2000, "Diploma in disguise," *The Times Higher Education Supplement,* February 18.

参考文献

欧文文献

- College of North West London, 1999, *Our Programme 1999-2000.*
- FEFC, 1999, *Quality and Standards in Further Education in England 1998-99.*

邦文文献

- 小澤周三、一九九〇年、「一九八八年教育改革法と高等教育」『ＩＤＥ現代の高等教育』一一月号。
- パーキンス・Ｈ、一九九〇年、「『イギリス病』と高等教育」『ＩＤＥ現代の高等教育』一一月号。
- 安原義仁、一九九七年、「イギリスの大学・高等教育改革」『ＩＤＥ現代の高等教育』三月号。

（舘　昭）

第二章　スコットランドにおけるカレッジの挑戦

1　スコットランドの美しい資格制度

1　編入学のための手厚い配慮

「この制度の美しいところは……」。スコットランド王国でもう何人もの関係者から聞いたこの言葉を、首都エディンバラにあるネピア大学単位累積・転学部門のマクダノー部長は繰り返し使って、学生の多様な履修可能性を説明してくれた。個々の学生が多様な学習経路をたどりながら、しかも異なる機関で学習した成果が適切に認定されて、上級段階の学習へと進んでいけるというのである。

ある学生K君の履修登録の例を紹介しよう。彼は、一九九八年の六月に継続教育カレッジの一つであるグラスゴー海洋学カレッジで、二年間学習し、社会科学の「高等国家ディプロマHND」(短大卒相当：後述)を取得した。引き続き、一年間の学習の追加によって学士(スコットランドで三年間の学修で取得できる第一学位)を取得するため、ネピア大学に志願してきた。この大学では、同じ社会科学を深めて学士(第一学位)を取得するプログラムに登録することも可能なのだが、彼はもう少し自分の専門分野を広げたいと考えて、「社会学および心理学」というオリジナルな専攻を求めて「複合専攻学士(BA combined studies)」のプログラムに登録をした。

彼は、社会科学・芸術学部のコース責任者と相談の上で、心理学の科目を重点的に、一九九八—九九年度の第一学期四科目、第二学期四科目を登録する計画を立てた。このうち冬学期の一科目は「ブリッジコース」と呼ばれる転学者のための科目で、大学における学習方法の理解やキャリアガイダンスを目的としており、レベルは大学二年次相当に当たる。また、第二学期にも一般学生が二年次に学ぶ一科目「研究方法論」を履修する計画で、第三年次相当の科目は全部で六科目(スコットランド王国の設定した学士取得のための第三年次相当の最低履修単位数をクリアー)ということになる。最終的に、全学の統括責任者との面談、承諾を経て彼の学士課程プログラムは認定されている。

2　スコットランドにおける義務教育以後の資格制度の統合と「モジュール」化

K君の例にみるとおり、「スコットランドの美しい制度」とは、資格制度におけるヨコの統合性(異なる機関間での資格の相互認知)と単位のモジュール化(それぞれの科目がどのレベルの何単位に相当するかを指定)によるタテの系統性が、タータンチェック風に織り込まれたものなのである。

スコットランドは、これまでも英国内での教育・資格制度の標準化への改革の先頭をゆくと評価されてきたが、一九九九年三月に最終的にすべての義務教育以後の教育訓練を統合し、一一のレベルからなるスコットランド単位・資格制度(SCQF)[1]を発足させた(図表2-1参照)。

これは、従来の四つの資格体系、つまり①高校における学修資格(標準学年)、②義務教育後の教育資格(国家資格=上級段階の教育への進学資格)、③高等教育段階の資格(学位など)、④職業訓練の資格(スコットランド職業資格)の四つの資格体系を、それぞれのレベルを相互に対応させて位置付ける

図表2-1　スコットランド単位・資格制度（SCQF）における既存資格の対応表

スコットランド単位・資格制度〈SCQF〉の水準	高等教育段階の資格（SCOTCATによる学位等）	義務教育後の教育資格（SQAの国家資格＝上級段階の教育への進学資格）	高校の学修レベル（SQAの標準学年）	職業訓練のレベル（スコットランド職業資格SVQ）
11	修士号などの大学院資格			スコットランド職業資格（SVQ）第5レベル
10	優等学位			
9	普通学位			
8	**高等国家ディプロマ（HND）**			**スコットランド職業資格（SVQ）第4レベル**
7	**高等国家サーティフィケート（HNC）**	**上級高卒レベル**		
6		高卒レベル(Higher) / スコットランド一般職業資格(GSVQ)第3レベル		スコットランド職業資格（SVQ）第3レベル
5		中間レベル2 / スコットランド一般職業資格(GSVQ)第2レベル	クレジット	スコットランド職業資格（SVQ）第2レベル
4		中間レベル1 / スコットランド一般職業資格(GSVQ)第1レベル	一般(General)	スコットランド職業資格（SVQ）第1レベル
3		上級レベルアクセス3	基礎(Foundation)	
2		上級レベルアクセス2		
1		上級レベルアクセス1		

注：二重枠が短期高等教育相当レベルの資格。

出典：The Scottish Credit and Qualifications Framework (1999), *Adding Value to Learning: The Scottish credit Qualifications Framework.*

ことによって体系化・統合したものである。

日本でいえば各学年に原則として対応し、部分的にそれよりも細分化された資格制度であり、そこで次に必要となるのが、各資格レベルでの必要な学習の質と量の認定である。これが単位のモジュール化によって推進されている。つまり、多様な機関や学修の場での講義や演習、実験・実習は、その学習時間に応じて一定のスコットランド単位に換算される。ここで重要なことは、その講義・演習などが、資格枠組み上でどのレベルに相当するか、例えば二年次相当の科目か三年次相当かということであり、各資格レベルでの単位ということになる。

当該の資格レベルにおいて必要単位数を取得することで、各大学、カレッジなどから相当の資格が認定されることになる。もちろん、やみくもに単位数だけ揃えばよいのではなく、取得した科目の幅の広さと深さはそれぞれの機関で評価されるものであり、個々に必修科目もあるが、重要な点は、同じ資格レベルの同じ単位数は、スコットランド全国で、原則として等価に扱われるという革新性である。

ただし、「等価性の保証」というのは、「制度の美しさ」と比べて、実際にはさほど容易なことではない。そのため、カリキュラムと各科目についての外部評価委員会による査定が定期的になされている。カリキュラムや教育活動の評価尺度については、どの国でも立場立場でいろいろな考え方がある。スコットランドでも、こうした単位累積の基礎となる各講義・演習の水準認定については、評価の異なる場合も多くあるという。ことに外部評価委員会はエディンバラ大学などの古典的大学からの委員が多いため、カレッジにおける水準認定の際に、「これはあまりに実際的すぎて、高等教育レベルのアカデミックな水準に達していない」といった発言によって、学習者に手厚く配慮した学修課程の認定が、いとも簡単に見送られるといったケースがしばしばあると、カレッジ関係者は不満をもらしている。

2　カレッジ飛躍の一〇年

1　継続教育カレッジの総合的な教育機能

スコットランドの短期高等教育を担う学校制度と学生動向、特に一九九〇年代の、継続教育カレッジの規模拡大をみていこう。

英国の高等教育段階には、大学、高等教育カレッジと、継続教育カレッジという二つのタイプの機関があり、行財政上も別々の系統として位置付けられている。この継続教育カレッジでは、高等教育段階では準学士レベルの課程を提供しているが、それだけではなく、義務教育後の一六歳以上の多様な学生を受け入れて、伝統的に職業関連的な教育・訓練を施してきた機関であり、学生の年齢や経歴、カリキュラムからみて、後期中等教育段階、高等教育の前期課程段階、成人教育・コミュニティ教育の段階にまたがる総合的な教育機関である。

カレッジの多くは、一九八〇年代まで地方教育当局によって運営されてきたが、一九九二年の「継続・高等教育法」施行後に法人化し、現在は直接国から補助金を受けて運営する形態をとっている。英国全土で五〇〇校以上の継続教育カレッジが高等教育段階の教育プログラムを提供しており、スコットランドにおいても、四五校の継続教育カレッジがあり、一九九三年以後四三校が「継続教育法人」として位置付けられ、運営されている。

図表２-２　スコットランドにおける継続教育機関の学生数（1997年度）

	機関別総計			高等教育機関			継続教育機関		
	学生タイプ計	フルタイム	パートタイム	学生タイプ計	フルタイム	パートタイム	学生タイプ計	フルタイム	パートタイム
課程合計	662, 563	198, 210	464, 353	251, 498	132, 632	118, 866	411, 065	65, 578	345, 487
継続教育課程	414, 864	35, 863	379, 001	72, 923	83	72, 840	341, 941	35, 780	306, 161
職業関連	284, 944	35, 833	249, 111	365	83	282	284, 579	35, 750	248, 829
非職業関連	57, 362	30	57, 332	0	0	0	57, 362	30	57, 332
単位取得外の科目	72, 558	0	72, 558	72, 558	0	72, 558	0	0	0
高等教育課程	247, 699	162, 347	85, 352	178, 575	132, 549	46, 026	69, 124	29, 798	39, 326
大学院レベル	43, 324	17, 847	25, 477	42, 889	17, 807	25, 082	435	40	395
学士（第一学位）レベル	112, 972	104, 533	8, 439	111, 100	103, 849	7, 251	1, 872	684	1, 188
他の高等教育（準学位等）	91, 403	39, 967	51, 436	24, 586	10, 893	13, 693	66, 817	29, 074	37, 743

注：複数の課程に登録している学生はそれぞれの課程に計上。
出典：http//www. scotland. gov. uk/news/releas99_3/fhei-01. htm.

カレッジの主な高等教育段階のプログラムは、一年間の学修によって取得できる「高等国家サティフィケート（HNC: Higher National Certificate）」と、二年間の学修による「高等国家ディプロマ（HND: Higher National Diploma）」である。これらは、技術職業教育にかかわるプログラムという性格をもつのと同時に、そのなかにアカデミックな科目、理論的な学習を含んでおり、高等教育セクターへの接続を意識しながら開発されている。

図表２-２から、スコットランドにおける高等教育・継続教育機関の学生の構成をみると、継続教育カレッジでは、三〇万人という大規模なパートタイム学生を抱えていること、また高等教育課程の学生が七万ちかくいることがわかる。さらに、ちょっと奇異にみえるかもしれないが、継続教育カレッジに第一学位（学士）課程や大学院レベルの学生も在籍している。高等教育段階のプログラム

図表2-3　スコットランドにおける学位・資格の所得者数の推移(男女計)

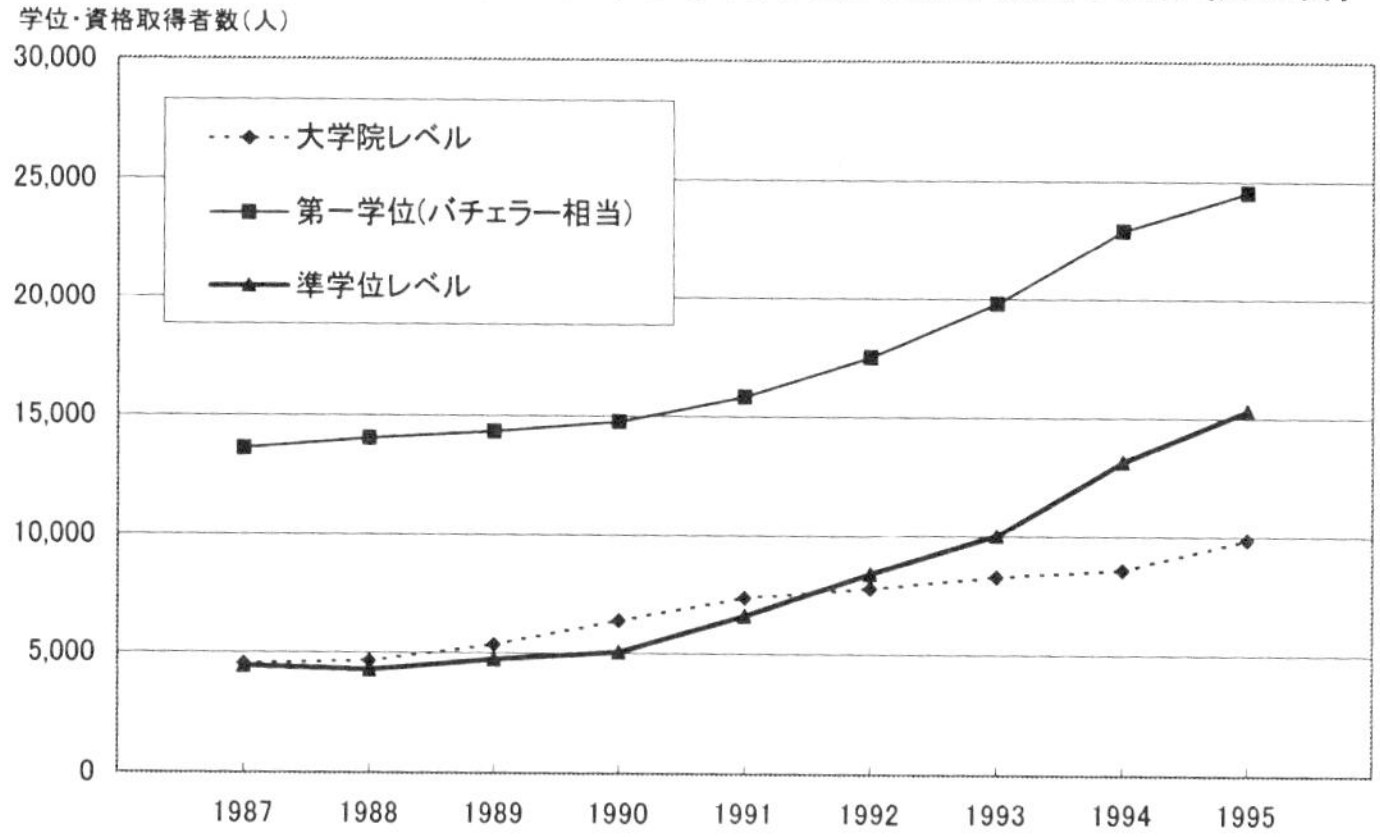

出典：Scottish Exective (1999), *Higher Graduates and Diplomates and Their First Destinations 1986-87 to 1996-97*, T 1 より作成。

においても、学生は、フルタイムだけでなく、パートタイムで多く学んでいる。つまり、パートタイムで学ぼうとする学生の目からみると、高等教育段階のプログラム供給源として、カレッジは極めて大きな比重を占める存在である。

2　高等教育のファーストステージ、そしてリカレント・ステージ

スコットランドにおける高等教育の修了者、学位取得者数をみると、一九九〇年代に入ってから、準学士レベルの拡大が急速である。一九八〇年代末の年四〇〇〇人強の資格授与数から年一万八〇〇〇人弱まで、一〇年間で資格取得者四倍増を達成している。これに対して、第一学位(学士相当)の場合、授与数はまだ多いが、その伸びは近年頭打ち傾向であり、準学士レベルの授与数との差が小さくなってきている(**図表2-3**およびThe Scottish Executive 1999 参照)。

図表2-4　学位・資格取得者の年齢構成（1996年度）

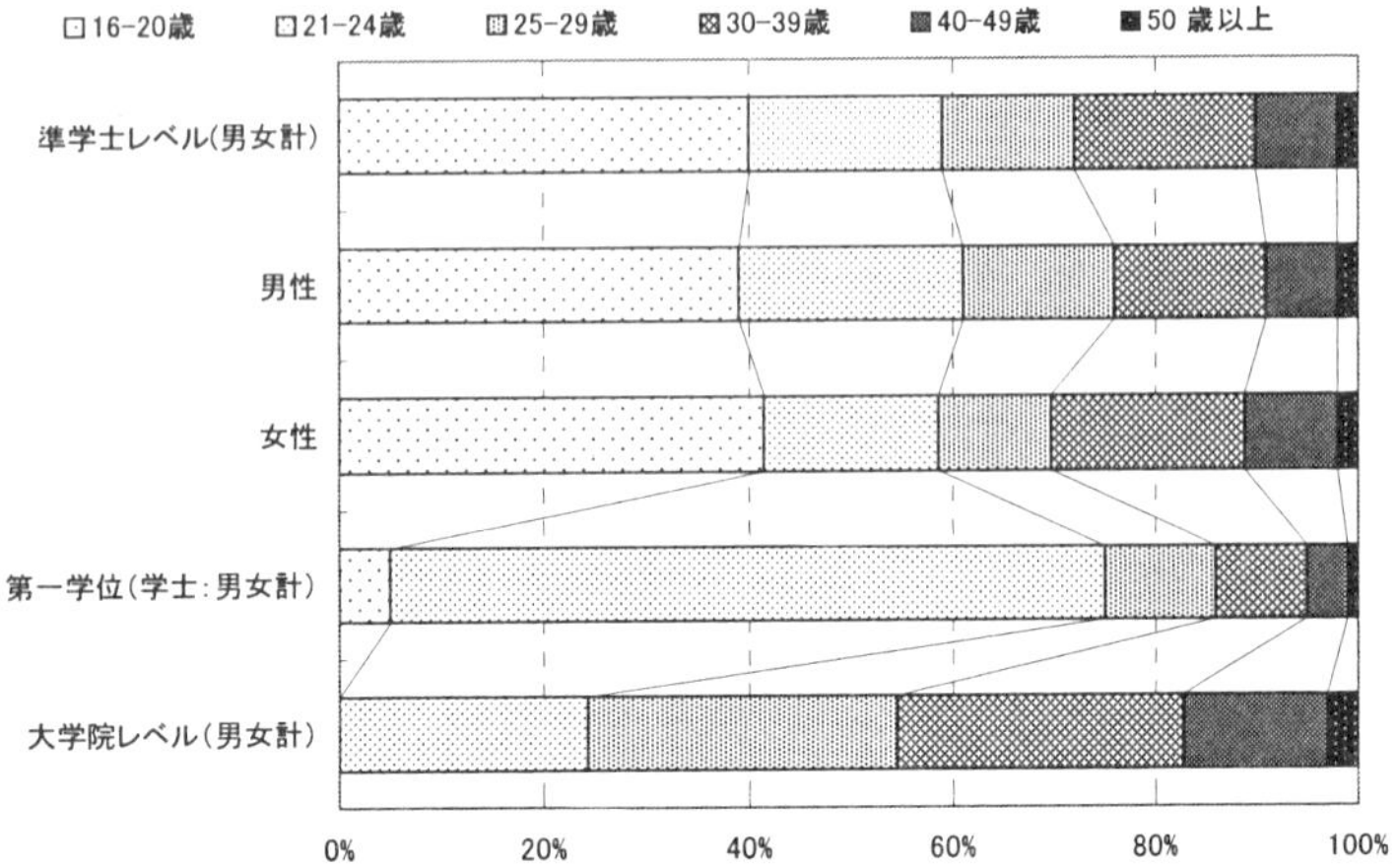

出典：Scottish Exective (1999), *Higher Graduates and Diplomates and Their First Destinations 1986-87 to 1996-97*, T 2 より作成。

図表2-5　学位・資格取得後の進路（1996年度）

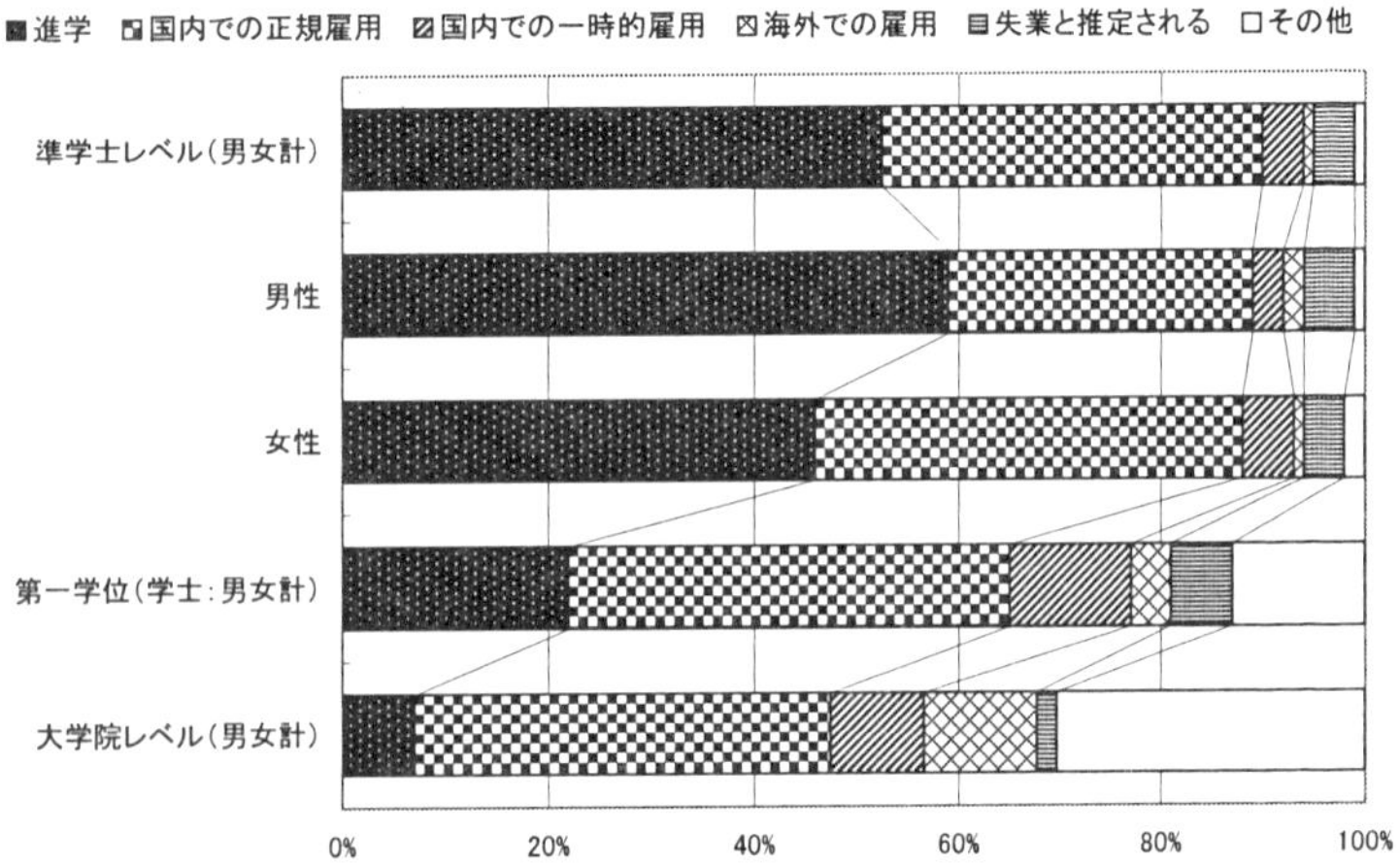

出典：Scottish Exective (1999), *Higher Graduates and Diplomates and Their First Destinations 1986-87 to 1996-97*, T 6 より作成。

また、**図表2-4**は、教育課程ごとの学位取得者の年齢構成である。準学士レベルでみると、学位取得者は二〇歳以下の学生も四割いるけれども、同時に二五歳以上の学生が四割いる。資格取得者の性別構成をみると女性が五九.一%と多数派を占めている。とくに、若年期の女性と、中高年の女性が多いことが図表からわかる。他方、残り四割を占める男性では二〇歳代の割合が多くなっている。このように、カレッジは多様な学生層を受け入れる機能を果たしていることがわかる。

これらの資格取得後には、大学の学士課程の後期段階に編入学して学習を継続することができる。統計をみても、**図表2-5**のとおり、今日準学士レベルの資格取得者の半数以上が、大学編入学などによって学業を継続していることがわかる。

すなわち、継続教育カレッジのプログラムは、スコットランドにおける代表的な高等教育のファーストステージとして位置付けられており、また同時に、リカレント教育への重要な足掛かりともなっている。

3　継続教育カレッジと大学との緻密な連携

1　継続カレッジと大学との包括的な連携

カレッジの飛躍をもたらしている要因としては、資格制度自体も重要だが、その制度を機能させるための、多様な関係者の個別的な連携へ向けての真摯な取り組みも無視することができない。

継続教育カレッジと大学との連携は、多彩に展開されているが、一般的に、個別内容に応じた取り決めによるというよりも、むしろ学長同士、機関同士の原則的な合意書を取り交わして進められている。その合意書に基づいて、様々の分野・レベルの活動内容にわたって、個々の具体的な連携アクションを確立するという方法が採られている。

連携の多様な実態を、シャープとガラハー(Sharp and Gallacher 1996: 87–104)は以下のように分類している。すなわち、カリキュラム編成上の連携と、機関レベルでの連携とを区別し、カリキュラム編成上の連携としては、①接続(articulation)、②授業の共同運営(joint provision)、③学位認定(validation)、④フランチャイズ型(franchising)、⑤教育受託型(subcontracting)などがあり、機関レベルでは、①系列校化(affiliate colleges)、②コンソーシアム(community college consortium)、③提携校化(associate colleges)などの連携があるという。ただし、連携が各機関の個性発揮型で進められ、多彩であるため、場合によっては同じ用語で異なるタイプの連携を扱っていることもあるという(詳細は吉本、二〇〇〇、一九—三四頁参照)。

2　カリキュラム連携

カリキュラム面での連携というのは、第1節のK君の事例でみるように、学生が異なる機関間での学習をいかに円滑に継続・発展させることができるかという視点で作られている。もちろん、個々の学生が、カレッジでの資格取得後、こうしたカリキュラム連携を介さず、国の単位互換転学制度

（CATS）を活用し、大学カレッジ入試サービス（UCAS）の選抜を経て、直接に大学に志願・進学することも可能であり、またすでに、こうした編入学は一般的なものとなっている。ただし、機関同士の連携がなければ、カレッジ二年次修了者が、編入学後、大学で再度二年次を重複して履修せざるを得ないなどの問題が生じることも多い。そこで、こうした個人レベルでの挑戦をさらに支援するのが、カレッジと大学との機関間の連携なのである。

多様な連携の中でも、スコットランドで最も一般的なものは、「接続」というカリキュラム連携である。カレッジで準学士レベルの資格を取得後、希望者を選抜なしで学士課程の途中に編入学させるカリキュラム上の組織単位での連携である。一九九〇年代半ばの調査で、八〇％のカレッジが何らかの「接続」形態での連携を形成している。この場合、大学とカレッジが細目の合意書を取り交わし、大学側での受け入れ人数や条件についての取り決めを行っている。カリキュラムの対応の程度に応じて、卒業後すぐ次の学年に進級できるかどうか、編入学のためのカレッジでの特別な準備を必要とするかどうか、大学での特別な学習を用意するかどうかなどが、重要な条件である。近年の傾向としては、学生が一年重複して在学しなくても良いように、さまざまの条件を配慮するようになっており、いわば英国版「二＋二」(2)、あるいは「一＋三」というカリキュラム上の接続が増えてきている。

また、「授業の共同運営」は、カレッジと大学とが共同して特定の学士課程を開発しているものであり、一九九〇年代半ばの調査では一〇％のカレッジがこうした連携をとっている。この「共同カリキュラム」も様々のバラエティーがあり、共同して新たに学士課程を開発しているものもあれば、既存の「高等国家ディプロマHND」課程に一年間の上級課程を延長しつなぎ合わせたものもある。また、カレッジだけで学生が学習するケースもあれば、さまざまの段階で両方の機関での学習を組み合わせる場合もある。この場合、学生は大学において学位を取得するのであり、機関単位の助成も大学側に与えられ、その資金を大学の判断でカレッジに配分するという方法を採っている。

3　機関レベルの連携

九〇年代にカリキュラムレベルでの連携が広く発達してきたが、これらは比較的同じ専門分野同士でカリキュラム開発をする際に有効であった。こうした連携が発達するにつれて、次には、やや異質な分野間での相互乗り入れ型の、あるいは学際型のカリキュラム開発の必要性と関心が高まっており、こうしたコンテクストで、機関レベルの連携の重要性が拡大してきた。

いくつかの方法論のうち「系列校」は、大学とカレッジとが広範な領域でカリキュラムの共同開発や施設設備の相互利用、教員の活用や学生の学習機会を提供するという、強力な連携である。この場合、カレッジは他の大学と同様の連携を形成することはできない。すなわち大学対カレッジは、一対多の連携となり、相互の依存関係が強くなる。他方「コンソーシアム」は、都市などを核として形成される広範な連携の合意であり、あるコンソーシアムは、五校のカレッジと二校の大学がこれに参加し、共同で、教育機会の開発にあたっている。ただし、系列校化とは異なり、関係が排他的でなく、利害関心が多様であるため、具体的な連携活動の進展はあまり速くないという。

4　連携の具体事例

①　グラスゴー・カレドニアン大学とジェームス・ワット継続・高等教育カレッジ

少し具体事例をみよう。ジェームス・ワット継続・高等教育カレッジは、グラスゴーの郊外グリーノックという港町にある。かつて造船で栄えた町で、現在は、ＩＢＭ、ＣＯＭＰＡＣなどのコンピュータ産業がそれに代わって工場を設置しており、このカレッジもそうした分野への人材の供給に積極的である。学生が一万人を超す大規模な継続教育カレッジの一つであり、著者が面談した副学長は、フルタイム学生、高等教育レベル学生が多いこと、半数近くが高等教育レベルであることを強調していた。

パートナーのグラスゴー・カレドニアン大学は、工業都市グラスゴーの中心に位置し、ポリテクニックから一九九三年に新たに大学に昇格した。スコットランドで最も大規模な大学の一つであり、またカレッジとの連携などの改革に前向きであることで知られている。グラスゴー・カレドニアン大学は、学内にも準学士プログラムをもっているが、それは徐々に縮小し、準学士課程は連携するカレッジのプログラムを積極的に活用し、上級段階を大学側が担当するという分業体制を目指している。

このカレッジと大学とは、現在、包括的な連携の合意書作成に向けて一年近く活発なワーキンググループ活動を行っている。著者は、一九九九年一二月の会合にオブザーバー参加する機会を得た。参加者は、大学側は継続学習センター長ほか五名、カレッジ側も副学長ほか五名である。二時間強の会合の間に、合意書の案文の検討、カリキュラムの共同開発の進捗状況と双方の学内の反応についての意見交換、新たな共同開発カリキュラムの可能性についての検討、カレッジの学生や高校生に上級課程進学をアピールするための資料の作成などが議題であった。

特に、「共同カリキュラム」として、カレッジ修了者に大学の学士課程への転学を保証する連携を開発中であり、現在、カレッジの経理、電子工学、機械工学、音楽・オーディオ技術の各専攻についての編入学プログラムの開発が共同で進められている。筆者が参加した場では、カレッジの「音楽」修了者が大学で「マルティメディア」「文化産業」「ジャーナリズム」へと専攻する、すなわちビジネス領域における音楽応用型の学士課程(編入学)プログラムの開発ができないかどうか、相談がなされていた。他方、大学の側からカレッジ側に対しては、パートタイム学生のためのコースとして、経営学位プログラムやMBAプログラムの企画・開発のための協力を熱心に打診していた。

なお作成中の冊子案では、準学士レベルの資格を取得すれば、高校修了時に大学入学資格を取得していなくても大学に進学できるという、カレッジが学位のための「第二のルート」であることも強調されていた。

② ローダー・カレッジとネピア大学

ローダー・カレッジは、エディンバラ郊外のダンファームリン市に位置し、学生数一万人を超す、継続教育カレッジの中でも大きな機関である。鉄鋼王カーネギーの出身地であるため、カーネギーの寄附により創立され、一〇〇年という長い歴史を有している。準学士レベルの学生のほか、徒弟訓練生をかかえ、また近代的な会議設備を備えたビジネス教育センターもこのカレッジの財政を支えるものとなっている。ジャネット・ロー学長は、デアリング委員会のスコットランド版、ガリック委員会のメンバーでもあり、スコットランドの高等教育政策や労働・訓練政策に幅広く関与している。

他方、ネピア大学は、一九六四年創立の技術系カレッジを基礎として、その後商業系カレッジとの統合などを経て、ポリテクニックから一九九三年に大学に昇格している。現在、五学部一四〇の学士課程プログラムに一万一五〇〇人の学生があり、六五〇〇人の複合専攻学生(第一節で説明した「単位累積転学制度ＣＡＴ」による)を有する。またカレッジとの連携に熱心な革新的な大学で、一〇校のカレッジとの連携が実現している。

ローダー・カレッジとネピア大学の連携もその一つであるが、すでに学長同士の合意書を取り交わしており、ビジネスコースなどで多くの「共同プログラム」をもっている。例えば、入学時から、ローダー・カレッジでの二年とネピア大学での二年の学習がセットになって編成された「ブロック・プログラム」をもっている。また、社会人パートタイム学生のビジネスコースの場合、学生は形式的にはネピア大学に登録しているものの、ローダー・カレッジの方が豊かな教育経験をもち、地域での信頼と評価も高いため、実質的にはカレッジ側の教育面での貢献の方が大きいものとなっている。

なお、この両者は「系列」関係にはなく、ローダー・カレッジも他の多くの大学とも連携をもっている。その中には、この地の古典的大学・研究大学の代表格であるエディンバラ大学の教育学部との連携も含まれている。ローダー・カレッジで、小学校教員養成へのアクセスコース（大学入学資格をもたない社会人などに開かれた大学入学準備のコース）を修了すれば、試験なしで自動的にエディンバラ大学教育学部に入学できることになっている。

4　なぜスコットランドのカレッジが成功したのか

英国では、一九九〇年代にはいって高等教育の拡大とともに、中等教育と高等教育との接続をめぐる様々の改革が進展しており、教育改革の基本的方向を示した二つの「デアリング報告」(3)もそうした流れを加速させている。義務教育後の教育制度改革の焦点は、これまで継続教育機関として独自の歴史をもって発展をとげてきた継続教育カレッジとそこで授与される資格を、公教育の正統な系統としての大学の伝統的な学位制度といかに統合・体系化していくかという動きである。

本章でみてきたように、そうした一九九〇年代の改革動向のもとで、スコットランドの継続教育カレッジは飛躍的な拡大をみせた。なぜ、カレッジは成功しつつあるのか。一つには、「モジュール化」という方法論を通して、準学士レベルの資格を他のアカデミックな学位や職業訓練の資格とタータン風に編み上げ体系化させたスコットランド教育界・経済界全体の動きに沿って、カレッジが発展してきたということであり、もう一つは意欲的な大学と継続教育カレッジが、率先してこのレベルの教育プログラムと他の資格課程とを接続させるための改革や学校間の連携を企画・推進してきたことが挙げられる。

それでは、なぜスコットランドなのだろうか。やや具体的改革のスピードで後れを取るイングランドとの対比をしてみると、多くの興味深い点を指摘できる。

第一に、制度的な前提として資格レベルと学年進行を対応させる素地がスコットランドにすでに多くあった。イングランドでは、大学三年間で学位を取得し、しかも修了試験での成績に応じて優等学位(Honours Degree)を獲得できる。これに対して、スコットランドでは、三年間での学位の取得もあるが、むしろ多くの大学卒業者は四年間の学習を経て優等学位を取得しており、標準的な修学年限が四年となっている。準学士レベルでも「高等国家サティフィケートHNC」と「高等国家ディプロマHND」は、スコットランドでは年限差ないし量的差として位置付けられてきたのに対して、イングランドではフルタイムとパートタイムという学習形態の差として使われてきたのである。

英国は、これまでイングランド型の選抜的制度によって、その高等教育の卓越性・質の高さを主張してきたけれども、欧州統合後、ドイツなど六年程度の学修で第一学位を取得させる大陸諸国からは、三年間で修得できる第一学位や優等学位の質に対する疑義も出されるようになってきている。そのため、英国全体としてスコットランド型の、モジュール化と資格制度統合による改革の方に肩入れしつつあるのである。

また、第二に、国の大きさと適切なコミュニケーションという視点も、実質的で重要なポイントであろう。「大国」イングランドでは、多様な意見をもつ関係者が本質的な議論を好み、大胆・革新的な改革案が検討され続けているのに対して、「小国」のスコットランドでは、関係者がすばやく連絡を取りあいながら堅実な改革を急速に押し進めている。一面では、無難な、場合によって一部保守的な解決となりがちだが、しかし実現性のある改革に向かって合意が形成され、改革が実施されることが多いが、共通な枠組みを比較的迅速に形成する場合が多い。実際、資格付与団体の再編統合・一本化も進み、こうした資格認定、単位互換がより円滑に迅速に進められる基盤が急速に整ってきた(Spours et al. 1998)。「ちょっと問題が起きるとすぐに関係者全部が集まって相談できる」と多くの関係者が話すように、スコットランドの五〇〇万人という人口規模が社会的な凝集性の高さを保っていくのに適切であるためかもしれない。

「デアリング報告」の資格制度改革の展望についての記述からも、むしろスコットランドで現実に推進された改革をモデルとしてなぞっている面が多く読みとれる。このように英国全体の議論の中で、スコットランドの教育制度は、全体の改革動向のモデルとなるような特質をもっているのである。

ひるがえって、日本の短期大学が、今後より魅力的なファーストステージとして位置付けられるのかどうか、スコットランドから学べる点として、個別的な編入学の取り決めだけでなく、よりカリキュラムに踏み込んで大学との連携を進めるとともに、包括的な資格制度や枠組みを展望していくこと、そして何よりもこうした関係者各位の丁寧なコミュニケーションが重要なのではないだろうか。

注

(1) 正式名称は、"The Scottish Credit and Qualification Framework"であり、この制度は「スコットランド高等教育学長会議」、「高等教育の質的維持機構」、「単位・アクセスに関するスコットランド諮問委員会」、「スコットランド資格機構」「スコットランド政府教育・産業部門」の五つの関係機関によって共同開発された(The Scottish Credit and Qualification Framework 1999)。

(2) アメリカにおいて、高校とコミュニティ・カレッジでの接続性を考慮したカリキュラム開発のモデルとしてこの用語が用いられている。

(3) 政府の諮問機関として発足した通称デアリング委員会は、一九九六年三月に『一六～一九歳の資格制度の見直し』の報告書(Dearing 1996)を提出し、それと接続する形であらたに編成された委員会で、高等教育改革について検討し、一九九七年七月に『学習社会における高等教育の将来』と題した報告書(National Committee of Inquiry into Higher Education 1997)を提出している。

引用文献（引用順）

- The Scottish Credit and Qualifications Framework, 1999, *Adding Value to Learning: The Scottish Credit and Qualifications Framework* (publication code A0839).
- http//www.scotland.gov.uk/news/release99_3/fhei - 01.htm.
- The Scottish Executive, 1999, *Higher Education Graduates and Diplomates and their First Destinations 1986 - 87 to 1996 - 97*, Statistical Bulletin, Education Series, No.5.
- Sharp, N. and J. Gallacher, 1996, "Working Together: Further Education- Higher Education Links in Scotland," M. Abramson, J. Bred and A. Stwart eds., *Further and Higher Education*, SRHE, OU press.
- 吉本圭一、二〇〇〇年、「スコットランドにおける短期高等教育の実態と改革動向」短期大学基準協会調査研究委員会『先進五カ国における短期高等教育の現状と動向の調査研究』。
- Spours, K., M. Young, C. Howieson and D. Raffe, 1998, *Unifying Post - Compulsory Education in England, Wales and Scotland: Conclusion of the Unified Learning Project*, Working Paper 11, Institute of Education, University of London.
- Sir Dearing, R., 1996, *Review of Qualifications for 16 - 19years - olds*, SCAA.
- National Committee of Inquiry into Higher Education,1997, *Higher Education in the Learning Society*.

（吉本圭一）

第三章　アメリカ高等教育システムのなかでの私立短期大学

1　はじめに

日本の短期大学をめぐる状況は一八歳人口の急減期を迎え、年々厳しさを増してきている。私たちは、一〇年以上前からこうした事態が発生することを予測し、警鐘を鳴らしてきた(喜多村編、一九八九)。私たちだけではなく、短期大学関係者も、つとに「冬の時代」に対して危機感をもって取り組んでこられた(坂田、一九八七、など)。しかし、残念ながら、状況は好転したとは言い難い。

ここでは、短期大学が、「ファーストステージ」として改めて活力を取り戻すために、アメリカの私立短期大学に目を向けてみたい。アメリカの私立短期大学の数は少ない。しかし、ユニークな建学理念と明確な教育目的でアメリカの高等教育のなかで重要な役割を果たしてきた。またアメリカでは、ポストベビーブームが日本より遅く一九八〇年代に到来し、一八歳人口が大幅に減少し、高等教育機関は厳しい時代を迎えた。しかし、高等教育機関の廃止は当初予想されたより少なく、むしろ新設された数の方が多かった。私立短期大学のなかにもこの厳しい時代をくぐり抜けてきたものも少なくない。こうしたなかでアメリカの短期大学は「ファーストステージ」としての高等教育機関に変貌した。こうした例は、厳しい環境が続く日本の短期大学にとって大きな示唆を与えるものである。しかし、同時に、ただアメリカの真似をすればいいというわけではないということも具体的に指摘したい。

2　アメリカ高等教育システムと短期高等教育

1　アメリカ合衆国の高等教育の概要

アメリカ高等教育の特色はその多様性とダイナミズムにあるといわれているが、短期高等教育も極めて多様性に富んでいる。短期高等教育機関の種類としては、コミュニティ・カレッジとジュニア・カレッジと呼ばれる二年制の非営利高等教育機関以外に、プロプライエタリー・スクール(proprietary school)とか私立キャリア・スクール(private career school)と呼ばれる営利(For-Profit)高等教育機関がある。ここでは、便宜的にアメリカの二年制の非営利高等教育機関を短期大学と呼ぶことにする。

アメリカ高等教育の多様性は、その種類だけにあるのではない。一口にアメリカ高等教育といっても、その実態は州によって大きく異なる。短期高等教育に関してみても、二年制高等教育と四年制高等教育を同じ高等教育システムの中に含んでいる州(ニューヨークやジョージアなど)もあれば、別々の高等教育機関として明確に位置付けている州(カリフォルニアやフロリダなど)もある。前者の場合には、二年制と四年制は同じ高等教育システムの構成要素であり、アーティキュレーションは比較的容易である。後者の場合には、二年制と四年制の高等教育機関は、別々の目的をもつものと考えられていて、編入学プログラム(transfer)が大きな問題となる。特にカリフォルニアのマスター

図表3-1　アメリカの高等教育在学者数の推移　（タイプ別）

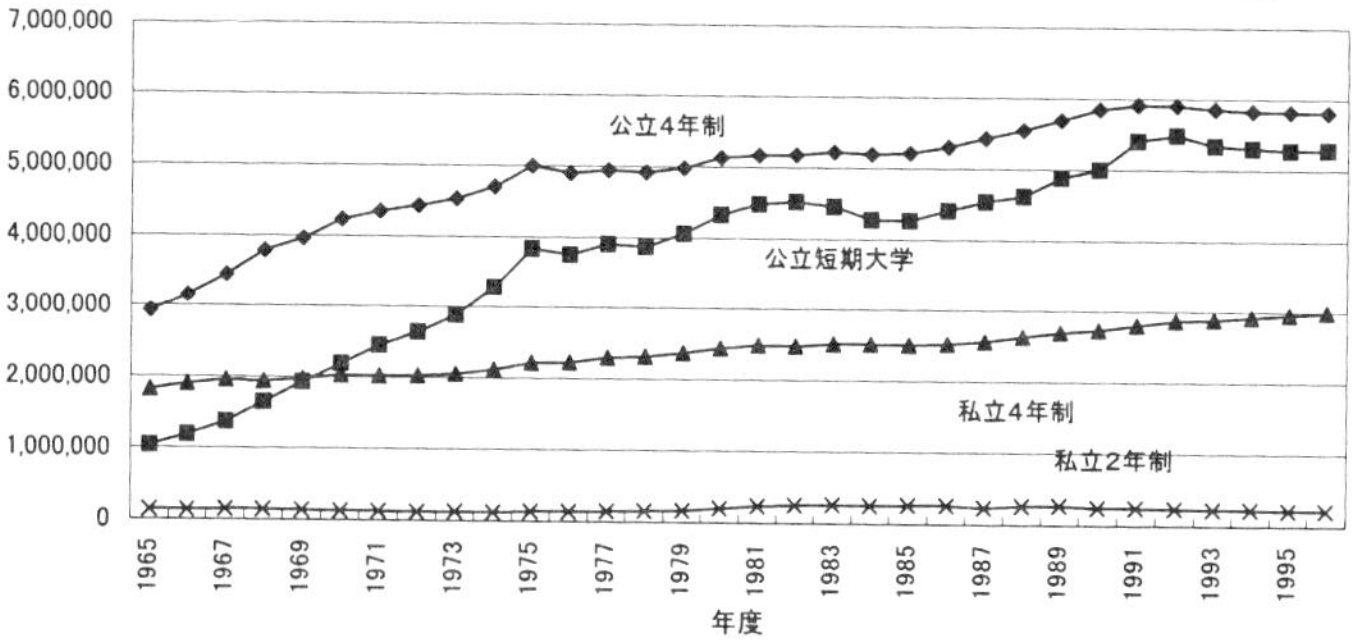

出典：NCES (1998), *Digest of Educational Statistics 1998*, T173 より作成。

図表3-2　アメリカの高等教育機関数の推移

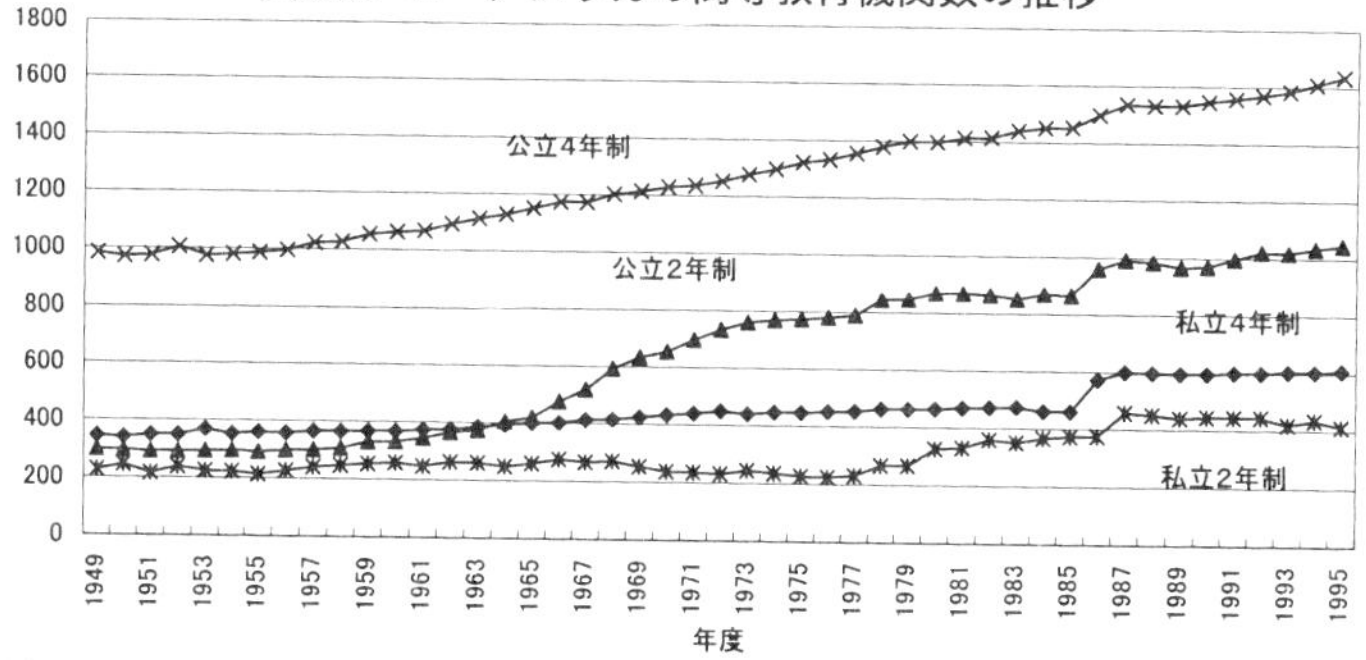

注：1986年度以降はブランチキャンパスを含む数。
出典：NCES (1998), *Digest of Educational Statistics 1998*, T241 より作成。

プランやフロリダの前期と後期高等教育の分離システムはこうした点を考慮したものである。

短期大学は、アメリカ高等教育のマス化とともに大きく拡大し、短期大学の在学者は、高等教育（学士課程）在学者全体の四割強を占めている。特に、**図表3-1**と**図表3-2**のように、公立の成長が著しく、公立が圧倒的に多数を占めるようになった。学生数、機関

図表3－3　短期大学学生数の推移
フルタイム・パートタイム　性別

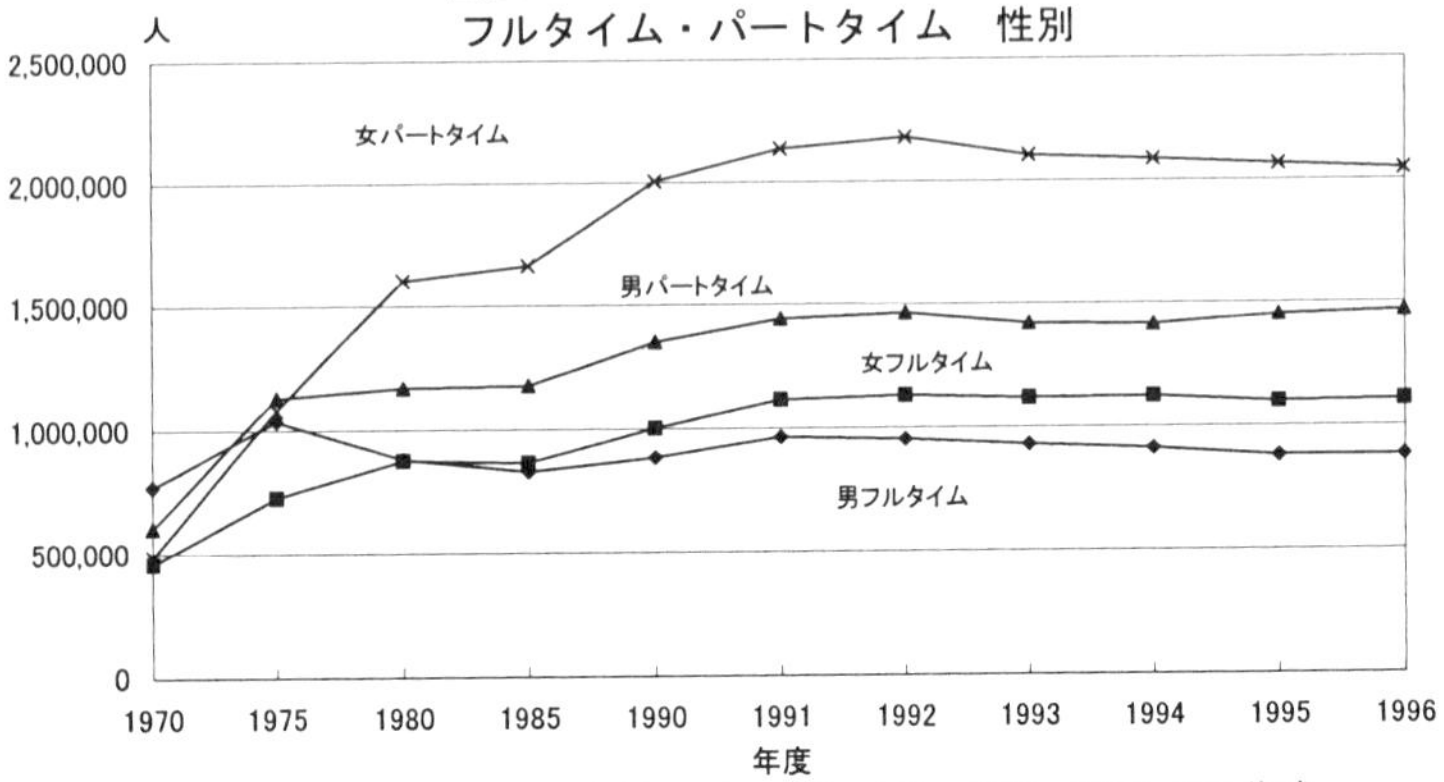

出典：NCES (1998), *Digest of Educational Statistics 1998*, T178 より作成。

数とも私立短期大学は減少傾向にある。私立が大多数を占める日本とはちょうど対照的である。また、アメリカの高等教育システムが州ごとに大きく異なるということは、私立短期大学の数にも歴然としている。私立短期大学が多いのはニューヨーク、カリフォルニア、マサチューセッツといった州で、反対に私立短期大学が全くない州も数州ある。

また、一九九六年度で全米では短期大学の学生はフルタイム学生が約二〇〇万人、パートタイム学生が約三五〇万人で合計約五五〇万人となっている。フルタイムよりパートタイム学生の多いことが大きな特徴である。短期大学に関しては、**図表3－3**のように、フルタイム学生では女性の方がやや多いのに対して、パートタイム学生では女性の方がかなり多くなっている。しかし、日本の私立短期大学ほど女性が多くを占めていない。

高等教育全体の進学率の推移についてみると、**図表3－4**のように、かつては男子の方がかなり高かったが、一九七〇年代以降女子の方がやや高くなっている。これは、現

図表3-4　男女別高等教育進学率の推移

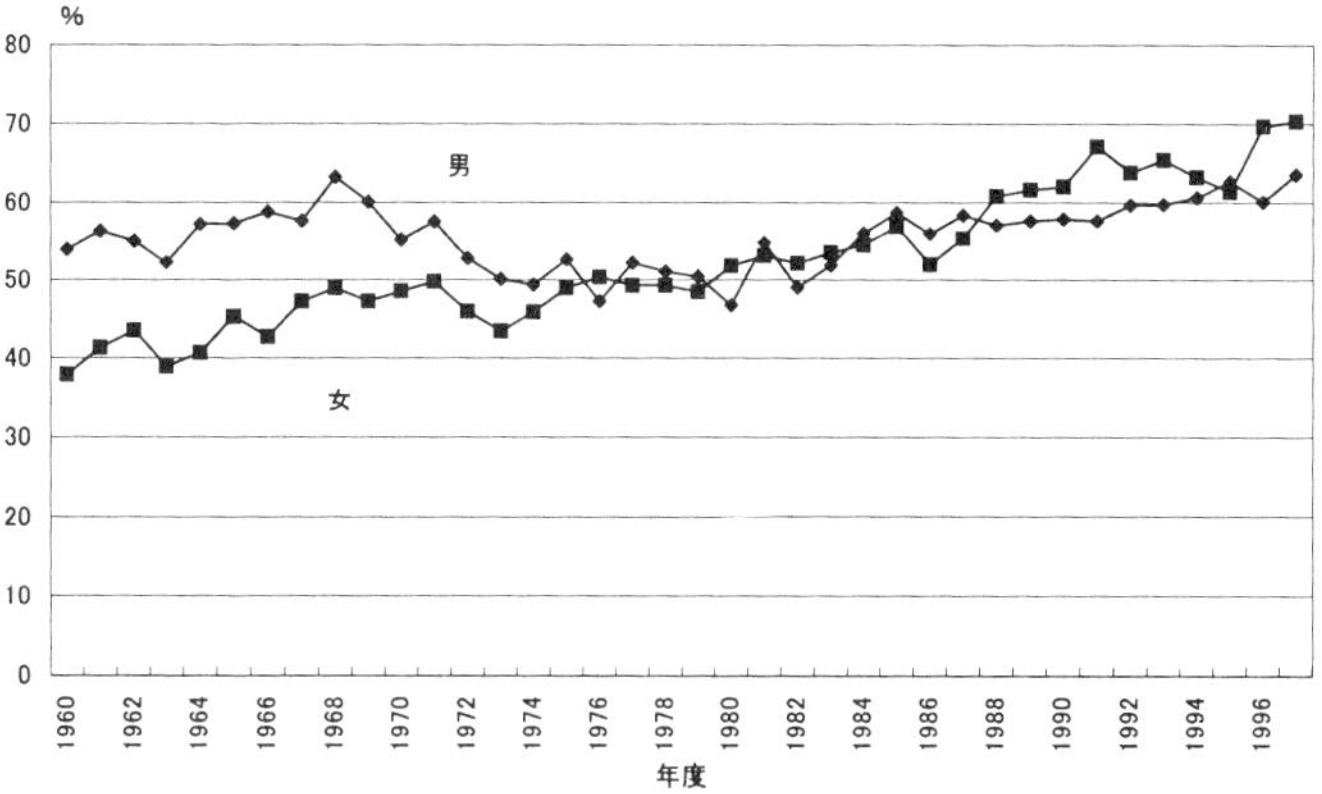

出典：NCES (1998), *Digest of Educational Statistics 1998*, T184 より作成。

在の日本と同様の傾向である。なお、人種・エスニスティ別にも格差がある。一九九六年度についてみると、公立短期大学では非白人が多くなっている。また、公立短期大学ではパートタイム学生が約三分の二で、成人学生も多い。パートタイム学生のうち、成人学生が約三分の二を占めており、女性の方がやや多い。さらに、所得階層別にも進学率に格差がある。

　こうしたマイノリティ学生の退学率の高さが問題となっている。一つの例として、他の条件を一定にしても短期大学の学生は四年制大学の学生より一〇〜一八%退学しやすいことが示されている(Dougherty 1994)。

2　ジュニア・カレッジとコミュニティ・カレッジ

　先にふれたように、アメリカの短期大学、すなわち、二年制非営利高等教育機関はコミュニティ・カレッジとかジュニア・カレッジと呼ばれている。歴史的には、ジュニア・カレッジの方が古い名称で、コミュニティ・カレッジの方が新しい。先にふれたように、今世紀に入って公立の短期大学の成長がめざましかったため、コミュニティ・カレッジは公立、ジュニア・カレッジは私立にほぼ対応する。特に、ジュニア・カレッジは私立大学の二年制課程について呼ばれることが多く、これに対して、公立二年制高等教育機関をコミュニティ・カレッジと呼ぶことが一九六〇年代に広がった。しかし、アメリカで最初の公立短期大学は、二〇世紀の初年のジョリエット・ジュニア・カレッジ(Joliet Junior College)であるといわれている。つまり、歴史的には公立短期大学もジュニア・カレッジと呼ばれてきたのである。しかし、今日では、公立短期大学が圧倒的に多数であるために、公立私立を問わず、コミュニティ・カレッジあるいは単にカレッジと呼ぶことが一般的である。

アメリカにおける短期大学の団体は、一九二〇年にアメリカ・ジュニア・カレッジ協会が創設されたのが最初である。その後、この協会は、アメリカ・ジュニア・アンド・コミュニティ・カレッジ協会と改称され、さらにアメリカ・コミュニティ・カレッジ協会へと名称が変化して現在にいたっている。この名称変更に、アメリカにおける短期大学の変遷が示されているといえる。

コミュニティ・カレッジという名称の示すとおり、アメリカの短期大学は地域社会と結びついて発展してきた。その関連も多方面にわたっている。そもそも歴史的に私立短期大学は中等教育機関として発展してきたものが多く、地域の文化的なシンボルであった(Cohen and Brawer 1996: 22)。公立短期大学は、州立や郡立などであり、財源を州や地方政府によっている点で地域的である。また、その管理運営にも州や地方が大きく関与している。さらに、地域に対するサービスや地域のローカルニーズにこたえるという点からも短期大学は地域性を強くもっている。また、学生の多くが所在する地域の出身者であり、卒業後の進路も地域の産業と密接な関連をもっている。こうした様々な点でコミュニティ・カレッジと呼び得るのである。

3　非営利教育機関と営利教育機関

他方、プロプライエタリー・スクールと呼ばれる営利の短期高等教育機関は、ほとんどが職業教育を中心としており、日本の専修学校に近いと考えられる。このプロプライエタリー・スクールは低学費を特徴としていて、大幅に増加している。一九九六―九七年度についてみると、全米で短期高等教育機関(noncollegiate institutions offering postsecondary education)は五八二八校あるが、そのうち公立は四六七校で私立の非営利教育機関は一一六二校であるのに対して、営利教育機関は四一九九校と約四分の三を占めている。このなかには、一クラス数百名のものもあるといわれている。公立短期大学とプロプライエタリー・スクールはその性格が対照的である。例えば、短期大学から四年制大学への編入は可能だが、プロプライエタリー・スクールからはできない。いずれにせよ将来的には市場の力で勢力の消長が決するといわれている。

なお、アメリカ高等教育システムでは市場の力の作用が強いことは事実であるが、高等教育システムあるいは個々の高等教育機関は、相対的な自律性をもっていることも確かである。特に、非営利高等教育機関は、自立した理事会など市場の力だけで左右されないメカニズムを有している。しかし、国立高等教育機関がほとんどのヨーロッパと比較すれば、また、教員を含む資源配分が競争的に行われている点で、市場の力が強力であると言い得るのである。

4　学費負担の増大

市場競争はメリットだけではない。アメリカ高等教育の大きな問題の一つは、教育経費の増大に伴う、学費の高騰である。学費は公立・私立とも増加しているが、**図表3-5**のように、ことに私立の上昇が著しい。一九八六年から一九九六年までの一〇年間に公立では二〇％の学費の上昇がみられたが、私立では三〇％と一段と増加している。一九九七年度の平均修学費(授業料と寮費など)は、公立で六七八八ドル、私立では一万八七四五ドルとなっている。この背景としては、大学間の競争がある。よりよい学生を獲得するためには、大学自体の質を向上させる必要があり、このためには大学教育にかける経費が増大せざるを得ない。この増大する費用をまかなうた

図表3-5　学費の推移　（大学の種類別）

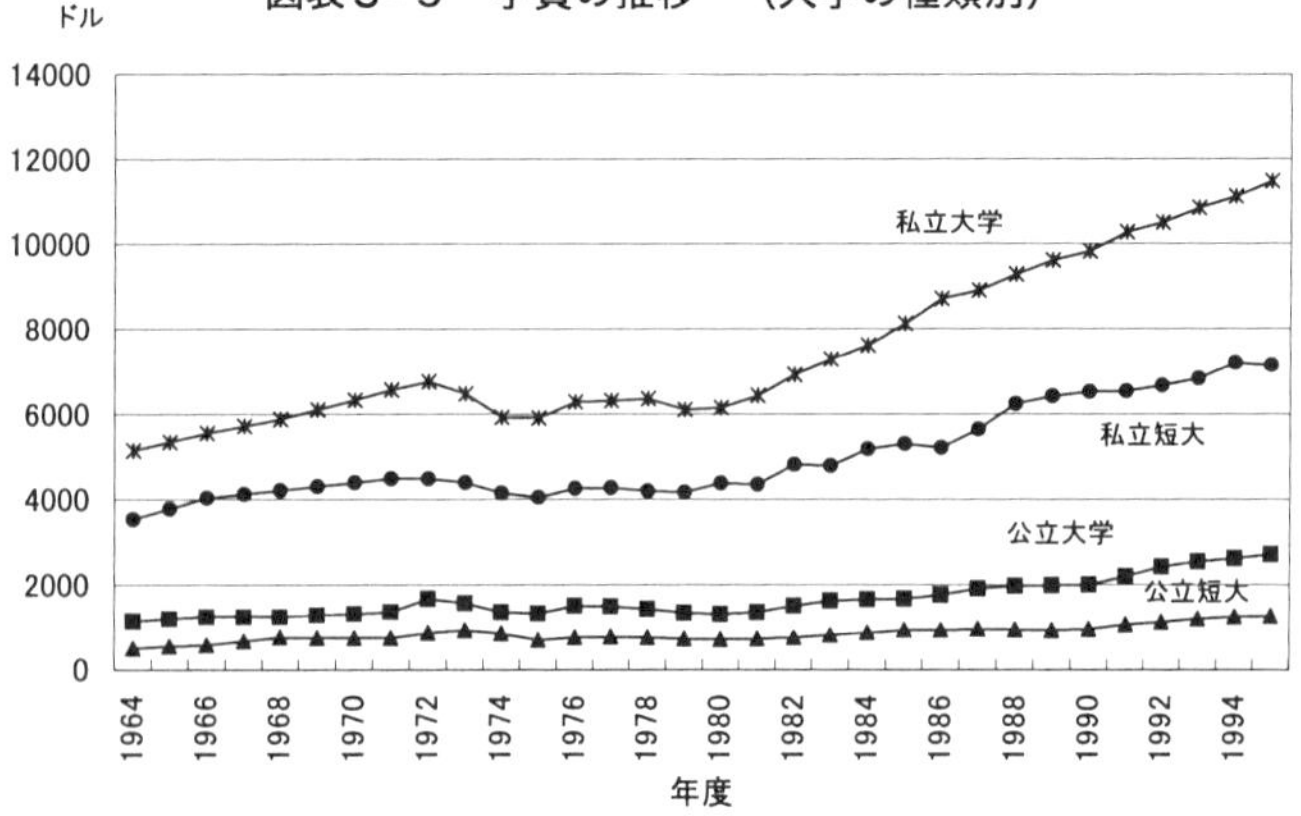

出典：NCES (1997), *Condition of Education 1997*, T12-3より作成。

めに学費が急上昇したのである。

しかし、公立短期大学では、授業料は平均約一五〇〇ドルで、他の高等教育機関に比べ、著しく低廉である。これは公立短期大学は州の補助金と地方の税収、学費が主な歳入源であるためである。これに対して学費を主要な収入源とする私立大学や私立短期大学では学費が上昇し大きな教育政策上の問題となっているのである。

一九九〇年代のアメリカは空前の経済好況の下にあり、二〇〇〇—〇一年の連邦教育予算でも教育予算は増大し続けている。特に学費の高騰に対応するために、奨学金の増額や税額控除の導入が提唱されている。特に、後者の税額控除は、中間層の負担軽減をねらったものであるが、もともと納税額の少ない低所得者層はあまり恩恵を受けないといわれている。このため、低所得者層の多い短期大学、とりわけ公立短期大学にとっては大きな政策的な問題となっている。

5　編入学の問題

アメリカ高等教育の大きな理念の一つは教育の機会均等である。短期大学は教育の機会均等を実現する上で大きな役割を果たしてきた。先にふれたように、アメリカ高等教育システムの大きな特徴の一つは制度的な柔軟性にあり、教育の機会均等を実現するために様々な制度を有している(Herideen 1998: 2)。その典型は多様な進路変更の可能性にある。編入学の可能性の高さはその最も重要な要素である。この編入学に関して、ノラ(Nora 2000)は次の四点を指摘している。

第一に、短期大学の学生が上級の教育機関に進学する割合は過去二五年間に大幅に減少した。一九七三年には短期大学の四三％の学生が編入学プログラムに参加したが、一九八〇年にはその割合は三〇％であった。現在では一五〜二〇％と推定される。

第二に、編入学機能を弱めるようなサービスが増加した。特に、職業―技術、コミュニティ・サービス、補習教育などである。リベラルアーツの準学士は減少した反面、職業関連の準学士は増加している。

第三に、四年制大学に編入した短期大学の学生の学業成績は低下している。これは一つには、特に、短期大学の教員が学生に対して読み書き計算の基礎学力に対して期待が低いことが原因かもしれない。

最後に、学位取得の希望をもって二年制教育機関に入学した学生は、四年制大学に入学した学生より目標を達成する可能性が小さいことである。

さらにこれらに関連して次の二点が重要である。

研究大学ではマイノリティ学生の比率は減少している。短期大学はマイノリティ学生が多く、彼らにとって重要な高等教育の機会を提供している。しかし、編入学が少なくなればその結果としてマイノリティ学生を排除することになってしまうであろう。

高等教育では、他の多くの領域と同じように、成果の測定とプログラムのサービスの質に強調点がおかれている。さらに焦点は単一の成果から複数の成果に移行する一方、これらの成果を達成する過程が評価されなければならない。

以上がノラの指摘する短期大学の編入学プログラムの重要性とその問題点である。短期大学から四年制大学への編入学の割合が減少していることは事実であるが、ノラがいう第二の特徴である短期大学が果たす機能が多様化したことにより、編入学の相対的な重要性が減少したと考えるべきである。この点は、編入学の減少の要因を追求したグラブ(Grubb 1991)も指摘している。

6　まとめ

いつの時代にもそうであるように、アメリカ高等教育はダイナミックな変貌をとげてきている。過去二〇年についてみれば、一八歳人口の大幅な減少に対して、女性や成人学生やパートタイム学生あるいは留学生を大幅に増加させることでむしろ学生数を増加させるとともに、質的にも生涯学習型のマス高等教育へと変貌していったのである。こうした順調な発展の反面で、学費の高騰や教育費の増大などの問題を抱えつつ、アメリカ高等教育は、経済的繁栄のなかで、成長をとげている。こうした変化を最も大きく示しているのが短期高等教育であり、プロプライエタリー・スクールのような営利型の従来とは全く異なる性格をもつ新しいタイプの教育機関が台頭してきている。これに対して、短期大学、とりわけ私立短期大学は機関数、学生数とも減少しているが、「ファーストステージ」としての役割を担う機関に変貌することにより、なお個性的な存在であり続けている。こうしたダイナミズムから日本の短期高等教育が受ける示唆は少なくない。

3　マサチューセッツ州の短期大学の事例

アメリカの短期高等教育の特徴がその多様性とダイナミズムにあることを紹介してきたが、それらは個々の短期大学をみるとより具体的に了解することができる。ここでは、そうした例として、マサチューセッツ州の二つの私立短期大学を取り上げる。マサチューセッツ州には一七の公立短期大学に対して、一一の私立短期大学があり、全米で最も私立短期大学の割合が高い。絶対数でもニューヨークに次ぎ、カリフォルニアとともに私立短期大学の多い州である。

1　ディーン・カレッジ(Dean College)

①　沿革と概要

ディーン・カレッジは、マサチューセッツ州のボストンの郊外都市フランクリンにある一八六五年創立の共学の私立短期大学である。学生数は、フルタイム学生七五〇人と決して大規模ではないが、ＳＴ比(教員一人当たり学生数)は約一四で少人数教育を特色としている。ニューイングランドの田園風景の中に、美しく広大な校地をもち、快適なキャンパスライフを送ることができる。授業料は年一万四五〇〇ドルで、この他寮費として年七〇七〇ドルがかかる。ディーン・カレッジの最大の特徴は、四年制大学への編入学の多いことであり、編入は卒業生のうち約九割となっている。同校は、一〇〇年以上の歴史がありながら後述するように常に新しい改革を導入している。

② 教育の目的

同校の教育の目的は、学生が高等教育の良いスタートを切るための援助を提供することにある。このために、学習環境を整備し、学生に四年制大学での勉学に適した学力と態度を習得させることが目的である。こうした同校の考え方は、「ファーストステージ」としての短期大学教育という考え方と同じものといっていい。なお、同校の教育方針では、特に、学生の親を重要視し、親に教育の付加価値を目に見える形で示すことが目指されている。

③ 学生募集

同校の学生の出身地は全米二六州と二〇カ国に及んでいる。親を重視する同校の姿勢から、親に情報を提供することを重視している。これまでの実績から選択した高校生と親にダイレクト・メールによる入学案内を送付している。さらに、志願者のキャンパス訪問と学生によるキャンパス・ツアーおよびアドミッション・オフィスのスタッフとの面接が頻繁に行われている。さらに、五〇〇校、約二〇〇〇人の高校カウンセラーを同校に招いて学校見学と懇親会を毎年実施している。こうした学生の募集にかかる費用は、学生一人当たり平均で五〇〇ドル程度であるという。

同校の入学要件は高校の内申書と高校のカウンセラーの推薦書が中心となっている。

ここで注目されるのは、九月の入学に向けて、その一年前から準備が進められていることである。最近日本でも注目されているアドミッション・オフィスであるが、同校のスタッフは六人にすぎない。この六人がフルに活動することで、入学者募集活動を支えている。スタッフは常時、アメリカ国内はもちろん、海外の高校などに学生募集活動を行っている。ともすれば、日本ではアドミッション・オフィス入試という形式だけが注目されるが、こうした地道な実際の活動から学ぶことが重要ではなかろうか。これについては後述する。

④　教育プログラムの特色

先にふれたように、同校の卒業生が九〇％は大学へ編入学している。編入学先はニューヨーク大学など三二大学とアーティキュレーション協定を結んでいる。また、州立大学とのジョイント・アドミッション・プログラムもあり、七つの州立大学への編入学のためのプログラムを一九九八年度から実施している。これは、短期大学在学時のＧＰＡ（学業成績の平均点）で二・五以上を大学編入学選考の際、ＳＡＴ（大学進学適格テスト、多くの大学で大学入学の合否の判定基準として用いている）の代わりとするもので、数十人の学生が履修中である。しかし、同校の卒業生は、編入学協定を締結していないボストン・カレッジなどその他の一〇〇以上の大学にも編入学をしている。編入学協定に関しては、「必ずしも必要とは思わないが、学生には確実に編入学できるという安心感を与えることができる」（副学長）という点がメリットであるという。こうした編入学協定は、日本の推薦入学に近いということができるかもしれない。

また、同校ではディーン・エッジ・プログラムを近年実施し始めた。これは、四年制学士の学位をディーン・カレッジで取得できるフルタイムのプログラムであり、現在、犯罪司法（Criminal Justice）

と自由研究が対象の専攻（メジャー）となっている。また、ニコラス・ディーン・パートナーシップ(Nichols/Dean Partnership)とウェスタン・ニューイングランド・カレッジ・ディーン・パートナーシップ(Western New England College〔WNEC〕& Dean Partnership)では、二つの四年制大学と連携して、四年制大学の単位を取得することが可能になっており、一九九九年度から開始された両プログラムとも約二〇人が履修中である。アメリカでも「こうしたパートナーシップはまれな例である」（副学長）とのことであった。

⑤　カリキュラム

同校のカリキュラムの主なコースは次の通りである。

■経営管理　児童研究／教育、コミュニケーション、犯罪司法、ダンス、リベラルアーツ

■自由研究　ソーシャル・ワーク、スポーツ／健康研究、劇場芸術、コンピュータ（一九九九年度から）

⑥　学生サービス

同校の約七〇％の学生が何らかのニードベースの奨学金やローンあるいはキャンパスでの仕事を得ている。その他にメリットベースの奨学金を得ている学生も一〇％程度いる。留学生は奨学金を得ていない。

同校では奨学金だけでなく、カウンセリングなどきめ細かい学生サービスを行うことを重視している。

⑦　外部社会との関連

同校では、コンピュータなどいくつかの分野で生涯学習プログラムを実施している。例えば、一〇〇〜一六〇人程度の企業の従業員を対象としたコンピュータ教育の訓練を行い、同校にとって重要な財源になっている。また、同校の特色として、プットナム投資・ディーン連携プログラムがある。これは、学生がディーン・カレッジのキャンパスでプットナム投資会社のために働くというもので、一種の企業実習である。

⑧　まとめ

伝統とそれを裏付ける資産によって、恵まれた環境で教育を展開するディーン・カレッジは、日本の短期大学からみてうらやましい限りである。しかし、同校は、伝統の上にあぐらをかいているのではなく、次々に新しい機軸を打ち出している。日本の高等教育機関が学ぶべきは同校のこうした進取の気風であろう。

2　ニューベリー・カレッジ(Newbury College)

①　沿革と概況

ニューベリー・カレッジは、マサチューセッツ州のボストンのダウンタウンから二・五マイルの近接都市ブルックリンに位置する共学の私立短期大学であり、フルタイム学生一〇〇〇人、成人パートタイム学生四〇〇〇人(八つのサブ・キャンパス)から構成されている。同校のＳＴ比(教員一人当たり学生数）は約一七で、平均クラス規模は約七人と少人数である。ボストンの郊外の住宅地域の丘の上にあり、キャンパスはそれほど広くはないが、日本の短期大学に比べれば狭いものではない。同校は、一九六二年にビジネス学校として設立された。同校の最大の特色は、一九九九年度より学士の学位を出すプログラムを開始したことである。同校の四年制課程は三つのプログラムからなっている。なお、同校は、日本のように短期大学と四年制大学とが截然と分かれていない。あくまでプログラムとして四年制学士課程と二年制準学士課程及びその他をもっているというのがアメリカの大学の特色である。

授業料は年一万二六五〇ドルで寄宿料は年約七〇〇〇ドルである。授業料は在学中大幅に上げないことを宣言している。日本では在学中は値上げしないのが普通であるが、アメリカでは毎年インフレ率にあわせて二〜四％シフトする例が多い。

② 教育目的

現在の同校の教育目的はリベラルアーツから職業教育に重点を移したことにある。カリキュラム編成を、産業界のニーズを調べ、四年制のキャリアコースに焦点を絞ったものに切り替えた。この新しい方針を示すために執行部を入れ替え、新しい教員を雇った。教員は最低で修士号、あるいは博士号取得候補者とした。こうした教員の多くは四年制大学化に関心をもっていた。他方、以前の教員のうちパートタイムの約二〇人の教員を解雇した。これはたいへんな仕事だったが、解雇された者の新しい雇用先を開拓することに努めたとのことである。アメリカの高等教育機関のように、学長が自ら選んだ学長スタッフの存在と学長のリーダーシップがなければ、こうした大学の管理運営は不可能である。学長自身は理事会によって二年前に同校の立て直しのために選ばれた。

四年制大学の課程を設けたのは、同校の学長によれば、「公立短期大学はほぼ無料なのに、私立短期大学は高額の学費がいるので、このままでは、私立の短期大学の未来はないと考えたからである」とのことである。従来のリベラルアーツからキャリア教育や警官の再訓練など非伝統的な方向に変化させたのもそのためである。非伝統的な学生の三分の二は女性であるから、カリキュラム改革にはそのことも考慮したとのことである。

③　学生募集

同校の学生の二〇％が留学生で、四〇カ国からきている。そのうち日本人も七〇～八〇人と多い。学生の三〇％がキャンパスの寮に入っている。

アドミッション・オフィスは六・五人のスタッフで構成され（一人は兼職のため〇・五人と計算）、学生一人当たり募集費用は約五〇〇ドルというのもディーン・カレッジとほぼ同じである。スタッフは二つのチームを組み、高校訪問をこなしている。一日五、六校で一週二四校ほどまわるのが平均的であるとのことである。

④　カリキュラム

同校は、職業教育カリキュラムに重点を移したため、現在三〇以上のキャリア関連カリキュラムを実施している。主要なプログラムは以下の通りである。

□学士課程
犯罪司法　パラリーガル、プリロー(マサチューセッツ・ロー・スクールとジョイント・プログラムで三年プラス三年で法学博士(JD)を取得可能)、会計、食品管理、一般管理、病院管理、人的資源管理、国際ビジネス管理、マーケティング、販売管理、健康管理

□準学士課程
コンピュータ・アプリケーション、コンピュータ・プログラミング、犯罪司法、グラフィック・デザイン、人文学、学際研究、インテリア・デザイン、マスコミュニケーション、メディア技術、パラリーガル研究、心理学、ラジオ、社会学/社会科学、テレビジョン、会計、ファッション販売、財政、食品サービス/レストラン管理、ホテル・リゾート管理、管理、マーケティング、販売管理、旅行・コンヴェンション管理、医療補助、外科治療補助、呼吸ケア(Respiratory Care)、調理技術

同校の教育課程のうち、特に特色があるのは、法学博士課程である。プリローは同校で三年、さらにマサチューセッツ・ロー・スクールで三年の合わせて六年間で法学博士号(JD)が取得可能なプログラムとなっている。通常は法学博士号は学部四年と大学院三年で七年間かかるのに対して、一年短縮できることになる。

また、同校のカリキュラムをみると管理運営(マネジメント)に関するものが多いことが特徴となっている。これも従来の一般教育から職業教育を重視する教育方針の転換によるものである。

⑤　学生サービス

同校の学生のうち、約七五%がなんらかの財政援助を受けている。これは、アメリカの大学としては平均的な数字であるとのことである。公的な奨学金以外に、学長奨学金、顕彰制度、ニューベリー・カレッジ奨学金などの制度がある。これは、高校時代の成績に基づくメリットベースの奨学金である。

留学生には奨学金がないが、インターンやパートタイムとして雇用機会があるのは他の高等教育機関と同様である。

⑥　進　路

卒業生の約三分の一が他の四年制大学に編入学している。同校としてはそのまま同校の四年制課程に進学してほしいが、まだ同校の四年制課程が開始されたばかりのため、他校への進学はやむを得ないと考えている。調理や他の職業コースは就職者が多い。

⑦　教員の評価

同校の学長によると、日本でも近年課題となっている教育評価、とりわけ教員の評価については以下のように考えているとのことであった。「教員の評価は難しいが、良い教師と悪い教師というのはすぐわかる。問題は普通の教師の評価である。育てた学生を短期と長期の視野でみることだ。ただし、学生による評価は信じられないので実施していない。教員間には四倍の所得差があるがこれは少ない方だ」とのことである。

⑧　その他の特色

同校では、第一学年でキャリア関連のインターンシップを実施している。また、最近日本でも注目されているキャリアメンター制度がある。メンターは教職員、理事、同窓生、企業リーダーである。

同校は八つのサブキャンパスでエクステンションを実施している。これは、成人学生対象で低コストで実施できる点にメリットがあるが、営利というより地域コミュニティに奉仕することを目的としているとのことである。

また、同校でとりわけユニークな制度は、卒業生のアフターケア制度である。GPA三・〇以上で学位取得して卒業後六カ月経過して、就職できない場合や就職先に満足できない場合には一〇科目を無料で受講できる。

⑨　まとめ

従来のリベラルアーツ中心の伝統的な私立短期大学から、四年制課程を併設し、職業教育課程や大学院とのジョイント・プログラムに比重を移した同校が成功するかどうかは、今後の展開にかかっている。その意味では、まだ判断を下すには早すぎるが、同校の特徴あるシステム作りや積極的な経営や管理運営の方式は、日本の短期大学にとっても示唆に富むものである。

4　アメリカの短期大学からの示唆

アメリカの短期大学は、時代とともに大きく変化をとげてきた。特にパートタイム学生や成人学生を大幅に増加させることにより、「ファーストステージ」としての性格をより明確にし、その性格付けにそって大学の使命・目的・目標を明示し、それに基づく大学の教育や管理運営に努めてきた。それは、アメリカ全体の短期高等教育機関の動向にもあらわされているが、ここに紹介した二つの短期大学の例をみても明らかであろう、特にディーン・カレッジは編入学者が九割を占めるという「ファーストステージ」としての短期高等教育の最も典型的な成功例であるといえよう。アメリカの短期大学は決して伝統を守るだけの高等教育機関ではなく、過去に寄りかかるのではなく、常に新しいものに挑戦してきている。その意味で実にアメリカ的といえるのである(Cohen and Brawer 1996: 37)。

こうしたアメリカの私立短期大学から日本の短期大学が学ぶべき点は何であろうか。ここでは、AO試験と生涯学習の二つの点について考えてみたい。

1　AO入試について

日本では、アメリカの大学の一部の入試システムを指して、「AO入試」と呼ばれているようである。たとえば、中央教育審議会答申『二一世紀を展望した我が国の教育の在り方について』(一九九七年六月)では、アメリカの大学入学者選抜の多様性について説明し、「高い競争倍率を有する大学では、ハイスクールの学業成績やSAT(言語・数理の二領域から構成される論理テスト[SATⅠ])及び教科別テスト[SATⅡ])の得点、推薦状、活動記録、小論文、志願者のプロフィール、面接などに基づき、アドミッション・オフィスにおいて多面的かつ丁寧な評価を行っている」としている。

しかし、アメリカのどの大学にもアドミッション・オフィスはあるし、入学者の選抜はすべてそこで行われているのに対して、日本では、入学者のごく一部の特別な選抜を「AO入試」と呼んでいる。しかも、それは学力試験ではなく面接や小論文を重視する選抜方法を指している。しかし、アメリカの大学でも面接を行っている大学はそれほど多くない。また、日本ではAO入試でも教員が判定に関与するが、アメリカでは教員が関与することはない。その理由の一つは、教員は教育に専念すべきだという分業観にあるが、入学者選抜には教員がタッチしない方が、公正であるという考え方にもある。アメリカの大学の入学者選抜は、極めて多様な方法の組み合わせからなる。これは、個々の入学者を多面的にとらえるとともに、入学者全体にもバラエティをもたせることが大学にとって重要であるという理念に基づく。決して学力だけが重視されているわけではない。先にみたような多彩な入学者募集活動も、大学を知ってもらうと同時に、大学側も志願者を知るための活動であり、入学者選抜過程の一部なのである。ただし、多面的に判断しようとすればするほど、極めてコストがかかるシステムであることはいうまでもない(アメリカのアドミッション・ポリシーについて詳しくは、民主教育協会、二〇〇〇、を参照)。

これに対して、日本のＡＯ入試は、ＡＯが「あお」つまり単なる青田刈りになっているという懸念が拭いきれない。選抜方法にしてもむしろ簡略化してコストを抑えている場合もあるかもしれない。

それでは、こうしたアメリカのシステムは日本では無意味だろうか。アメリカの中規模の私立短期大学のアドミッション・オフィスのスタッフは六〜八人程度にすぎない。この少ないスタッフがフルに活動することで、活発な入学者募集活動を支えている。スタッフは常時、アメリカ国内はもちろん、海外の高校などを訪問したり、学校説明会を開いたりして学生募集活動を行っている。日本でもこうした活動を行うコストや人員はそれほど差がないと思われ、決してできないことではないはずである。

日本では、志願者数と入学者数の減少という厳しい状況に直面して、贅沢はいっていられない、来るものは拒まず、という短期大学もあるかもしれない。しかし、どのような学生を入学させるかということは、教育機関にとって、最も重要な問題であり、長い目でみることが肝要である。

2　生涯学習の地域における拠点としての短大

また、若年人口の減少に対して、一八歳人口を対象にしていたのでは限界があり、生涯学習の時代であり、成人学生をターゲットにするべきだということもよくいわれる。これも、二〇年以上も前から指摘、提唱されてきたことである。例えば、中央教育審議会答申『生涯教育について』(一九八一年六月）では次のように述べられている。

「短期大学は、高等教育の機会の拡充に寄与しており、その地域的な分布状況から見ても、四年制の大学に比べ、より一層地域社会において効果的な役割を果たしやすいと言える。

したがって、短期大学の教育内容については、四年制の大学の専門分野構成の型にとらわれずに、地域の要請に応ずるものとしたり、あるいは専門的職業教育や一般教養的なもので短期大学としての特色を生かした内容のものを取り入れるなどして、成人がより広く活用し得るような方向を目指すことが望まれる。

また、地域の社会教育機関等と協力して公開講座を行うなど、地域住民のために短期大学を積極的に役立てることが望まれる。

特に、短期大学の専攻科・別科を、職業に就いている者が新しい専門的・職業的技術や知識を学ぶための場として活用することも考慮すべきである。」

さらに中教審『生涯教育の基盤整備について』（一九九〇年一月）でも次のように短期大学に対する期待が述べられている。

「短期大学については、その果たす役割、社会的・地域的ニーズの変化等を踏まえ、生涯学習の基盤整備についての諸施策との関連で、『生涯学習センター』(仮称)の開設の奨励など、生涯学習機関としての在り方について検討する。」

短期大学は、こうした文部省の政策に対して、積極的に対応してきた。しかし、地域の生涯学習の中核として短期大学やその「生涯学習センター」が位置付いたかといえば、まだ、不十分といわざるを得ない。

この発想は、アメリカのコミュニティ・カレッジが何より地域に根ざした教育機関であることを念頭に置いて、わが国の短期大学にも同じ機能と役割を果たすことをねらいとしていた。しかし、国情が異なることを無視して、機械的な導入を図ろうとしても無理な点はAO入試と同じである。短期大学が地域に根ざした教育機関であることを否定するつもりは毛頭ない。ただ、短期大学が生涯学習の中核的な役割を果たすため、より十分な施策がとられてこなかったし、短期大学も積極的に対応してきたとは遺憾ながら言い難い。この反省の上に立って、今後の成人学生の獲得に努める必要があろう。

3　短期高等教育システムの未来

繁栄を続けるアメリカ高等教育であるが、先にもふれたように学費の高騰や編入学者の減少、学力低下など決して問題がないわけではない。そのなかで私立短期大学は量的には減少しているが、なお個性的な存在であり続けている。日本の短期大学は、こうしたアメリカのシステムを直輸入するのではなく、そこから何を学ぶかが問われている。ここにとりあげたＡＯ入試と生涯学習以外にも、例えば、日本でもしばしば議論される短期大学教育の目的が教養教育か職業教育かの問題に関して、アメリカの短期大学システムとその問題点から学ぶ点は多々ある。

日本では、短期大学を取り巻く状況は厳しく容易に好転する兆しはない。その意味で、それはすでに予測された未来であった。一九九〇年代は高等教育の改革の時代であり、大学設置基準の大綱化や編入学制度など高等教育システムの柔構造化・多様化のための改革が大きく進展した。しかし、この一〇年間の改革努力にもかかわらず、短期大学そのものも短期大学以外の高等教育システムも大きく変化したとは言い難い。

短期大学が減少し四年制大学が増加すれば、日本の高等教育システムは全体として多様性を喪失することになる。これまで短期大学は教育機会の提供など日本の高等教育のなかでも重要な役割を果たしてきた。ことは個々の短期大学だけの問題ではないのである。そのためには個々の短期大学がこれまでの役割に自信をもち、活性化しなければならない。そのためには、予測される未来に立ち向かっていかなければならない。予測される未来といえば、生涯学習社会化やグローバル化は必然の予測される未来である。ファーストステージとしての短期大学はそれらへの具体的個別的な対応が求められよう。また、高等教育政策・計画は、こうした予測される未来に対して、ファーストステージとしての短期大学の位置付けを含む高等教育システム全体の具体的な青写真を提供することが要求されよう。短期大学の未来はその予測される未来への変化を読みとり対応する力にかかっている。

引用文献（引用順）

・喜多村和之編、一九八九年、『学校淘汰の研究』東信堂。
・坂田正一、一九八七年、「地方私立短期大学の定員割れの実態とその意味するもの」『広島女子文化短期大学紀要』第二〇号。
・National Center for Education Statistics [NCES], 1998, *Digest of Education Statistics 1998*.
・Dougherty, K., 1994, *The Contradictory College*, SUNY Press.
・Cohen, A. M. and F. B. Brawer, 1996, *The American Community Colleges*, 3rd ed., Jossey - Bass.
・National Center for Education Statistics [NCES], 1997, *Condition of Education 1997*.
・Herideen, P. E., 1998, *Policy, Pedagogy, and Social Inequality: Community College Student Realities in Post-Industrial America*, Bergin and Garvey.
・Nora, A., 2000, *Community Colleges in the 21st Century: Revisiting and Reexamining Their Mission,* American Association of Community Colleges [AACC]（Web Site).
・Grubb, W. N., 1991, "The Decline of Community College Transfer Rates," *Journal of Higher Education*, 62(2).

参考文献

欧文文献

・Alfred, R. and P. Carter, *Contradictory Colleges: Thriving in an Era of Continuous Change*, AACC (Web Site).
・American Association of Community Colleges [AACC], 2000, *Government Relations*, Feb 14, (Web Site).
・Calla, Patrick M., 1998, *CONCEPT PAPER: A National Center To Address Higher Education Policy*, The National Center for Public Policy and Higher Education (Web Site).
・Carnevale, Anthony P., *Community Colleges and Career Qualifications*, AACC (Web Site).
・Conklin, Kristin D., 1998, *Federal Tuition Tax Credits and State Higher Education Policy*, AACC (Web Site).
・Grubb, W. N. et al., 1999, *Honored But Invisible: An Inside Look at Teaching in Community Colleges*, Roultledge.
・Merisotis, Jamie P. and T. R. Wolani, *Community College Financing Strategies and Challenges for the Coming Decade*, The Institute for Higher Education Policy (cited in AACC Web Site).
・O'Banion, T., 1997, *A Learning College for the 21st Century*, Oryx Press.
・Phipps, Ronald A. et al., 1999, *Students at Private, For-Profit Institutions*, NCES.
・Richardson, Richard C., Jr. et al., 1998, *Higher Education Governance, Balancing Institutional and Market Influences*, The National Center for Public Policy and Higher Education (Web Site).

邦文文献

・阿部美哉、一九九一年、『生涯学習時代の短期高等教育』玉川大学出版部。
・金子忠史編、一九九四年、『短期大学の将来展望』東信堂。
・田中久子・森本武也、一九七八年、『アメリカの短期大学』研成社。

・日本私学振興財団、一九九七年、『私立短期大学の挑戦』（私学経営情報）第一四号。
・三浦嘉久、一九九一年、『コミュニティ・カレッジ論』高文堂。
・民主教育協会、二〇〇〇年、「特集　これからの入学者選抜（アドミッション・ポリシー）」『ＩＤＥ現代の高等教育』三月号。

（小林雅之）

第四章　アメリカにおける私立短大の多様な展開

1　マサチューセッツ州の短期高等教育機関

1　マサチューセッツ州の私立短期大学

アメリカにおける短期高等教育は、学生数・機関数ともに公立が圧倒的に高い割合を占めている。マサチューセッツ州は全米で最も私立短期大学の割合が高い州ではあるが、近年は、私立短期大学の閉校や四年制化が進み、私立校のおかれている状況は厳しいものとなっている。前章で報告された「ディーン・カレッジ(Dean College)」は四年制への編入機関として、大胆な広報・学生募集と徹底した編入教育、キャンパスライフの充実などにより二年制カレッジとして積極的に挑戦している。また「ニューベリー・カレッジ(Newbury College)」は一九九九年四月に学士課程を併設し、四年制カレッジの比重を強めつつある。同州では、一九九九年中に数校の私立カレッジが学士課程を認定されている。三月に「アンナ・マリア・カレッジ(Anna Maria College)」が、そしてニューベリー・カレッジと同じ四月には「エルム・カレッジ(Elms College)」、六月は「ラッセル・カレッジ(Lassel College)」がそれぞれ学位授与権を認められているが、これらはみな創設時は女子カレッジとして設立され、その後共学化した大学である。

同州にはこの二校以外に、私立の非営利(not-For-Profit)短期大学が六校ある。一九九九年秋入学募集時で、①「ベイ・ステート・カレッジ(Bay State College)」、②「フィッシャー・カレッジ(Fisher

College)」、③「フランクリン・インスティテュート・ボストン校(Franklin Institute of Boston)」と、非営利・宗教立の①「アクィナス・カレッジ(Aquinas College)」、②「ラヴール・カレッジ(Laboure College)」、③「マリアン・コート・ジュニア・カレッジ(Marian Court Junior College)」である。本章では、私立短期大学が厳しい局面をむかえているマサチューセッツ州にあって、努力する二校の事例を報告したい。

2　マサチューセッツ州のコミュニティ・カレッジ

同州には現在一五校のコミュニティ・カレッジがあり、各校とも二〇〇〇人から六〇〇〇人の学生数を擁し、二〇〇〇ドル前後の授業料で様々な教育プログラムを提供している。同州にコミュニティ・カレッジが普及したペースは比較的遅い。一九四六年に最初の一校が設立されて以降、一九六〇年代になるまで次は創設されなかった。その後少しずつ増加し、ゆっくりと州全域に広がっている。しかし、歴史のある私立大学・カレッジが多いグレート・ボストン地区には、一九七三年になるまで設置されなかった。

公立のコミュニティ・カレッジの設置が急速には進まなかった分、私立校に与える影響はゆるやかではあったが、やはり州立という強い財政的サポートのあるコミュニティ・カレッジが全州的に設置されてからは、私立短期大学に与えた影響は大きかったようである。

2　閉校という選択——最後の女子短期大学「アクィナス・カレッジ」

1　沿　革

マサチューセッツ州内で、唯一最後の女子短期大学であったアクィナス・カレッジ(Aquinas College)が、二〇〇〇年五月で閉校した。ここでは、同校がなぜ閉校という選択にいたったのかについて、経過を追ってみていきたい。

同校は、非営利・宗教立(ローマン・カトリック)の女子短期大学で、一九五六年にボストン郊外ミルトン市に設立されたミルトン校と、一九六一年設立のニュートン校の二校からなる。ニュートン校では幼児教育や経営管理、医療事務などを主要な専攻とする職業教育が中心であったが、一九九九年に閉校している。アクィナス・カレッジは、ボストン周辺に小学校・高校・モンテソリー学校・大学など十カ所の関連施設をもつ「聖ヨハネ修道会」とスポンサーシップの関係にあるが、運営はそれぞれが独立して行なっている。

同校は女性のための教育を行なうことを目的に設立されているので、女性に対する社会の認識の変化や女性自身の意識変化に伴い、その教育内容を変容させてきた。一九五六年の設立当時は、良家の子女が高校を卒業した後、シスターの下で規律正しい生活を学び、良い社会経験をつむという期待に応えるかたちで女子の教養教育を行なった。そのため入学者の出身家庭も裕福な層が多かった。やがて、女性の職業意識の高まりと、実際に女性の就く職業選択幅が拡大するにつれ、高校を卒業した女子学生は、短大でできる限り多くのことを吸収し、就職に有利に役立てて自分のキャリアをつんでいこうとする実践的な期待をもつようになった。これに合わせて、女子学生の教養教育に加え実践的な職業教育を提供するようになり、入学者も裕福な層から中流層へと変わっていく。そして、女性が対等に社会参加できる社会が実現された現在、魅力的な教育をどのように行なうのかという段階をむかえ、同校は閉校という道を選択したのである。

2　概　要

一九九七―九八年時点での学生数(ミルトン校)は、フルタイム学生が一〇三人、パートタイム学生が四四人、合計一四七人である。職業教育を重視したカリキュラムで、ビジネス管理や幼児教育、医療事務などの専攻に関する科目を年間一二〇コース開設していた。授業料は年七五五〇ドルで、寮がないため寮費はかからない。卒業生の九五%が就職し、そのうちの約二割が卒業後も学位課程に進んでいる。

二五歳以上の学生が占める割合は約三割で、ほとんどが子どもをもつ専業主婦である。職業をもっている場合は、現在の職業に将来の可能性がなかったり、現在の職業に対してフラストレーションを感じているという人が多く、キャリアアップを図るため夜間の授業に通っているという例がほとんどである。就職先の会社から補助を受けて、スキルアップのために学んでいる人もいるがまれである。

また、夜間クラスも約二〇年前に開始されている。科目数は少ないが、プログラム内容は昼間と同じものである。

3　学生確保のための努力

アクィナス・カレッジが学校として成り立つための学生数の最低適正数は二五〇人である。八〇年代には四〇〇人いた学生も、八〇年代末から少しずつ減少し、九〇年代半ばに、この適正数を下回った。

学生の減少に対応するために、①カリキュラムの変更、②特定プログラムへの教育基金の申請、③コスト削減のための人員整理、④建物の貸し出し（週末・夜間の空き教室の貸し出し）、⑤生徒募集のための様々な活動などの努力を行なったが学生確保にはつながらなかった。

これらの努力が成果を上げられなかった理由として学校側は、まず、大学を取り巻く社会状況の変化の速さに対して学校がついていけなかったこと、そして、女子短大そのものが魅力を感じない教育機関になっていることを挙げている。

例えば、同校は、他の大学のように「寮を完備し地域外からの入学者を募集」することをせず、自宅から通学する女子学生のための教育という地元を重視し続けた。しかしここ十数年、校内の寮に住むことを希望する学生が増えていたのも事実で、コミュニティ・カレッジでも寮を用意するところが増えていく中で、寮をもたない同校が、学生からみて魅力に欠けることも学生募集の点でマイナスとなった。

また、寮は、魅力的な学生生活を演出する上でも大きな役割を果たしている。スポーツ・サークルや芸術・演劇など魅力的な課外活動は、学生にとって、学校選択の際の大切な選択肢になっている。このことは同校のスタッフも充分理解していたことであるが、わかりながらも対応できなかったのである。

4　閉校の理由

アクィナス・カレッジはなぜ、社会や学生のニーズに応えることができずに閉校という選択をせざるを得なかったのかであろうか。これには、①女子カレッジであること、②財政基盤が弱いこと、③コミュニティ・カレッジの隆盛、の三点が絡み合い、同校において積極的な改革を妨げていたことが考えられる。

まず、女性の学習環境・職業状況が大きく変化したことである。女性の学習機会も職業選択も男性と同様に開かれたことで、それまで、女子カレッジが果たしていた役割を、ほとんどすべての大学が担うようになった。女子カレッジ以外の進学先が大幅に拡大したのである。それに加え、看護や秘書などの職業教育についてコミュニティ・カレッジや専門学校でも学べるようになり、さらに、大企業では社内教育という形で秘書・事務関係を学べるようになったことなどは、同校の魅力をいっそう低下させてしまった。

このような状況に対しては、他大学にない特色のあるプログラムを提供することが戦略的にも必要となる。同校では、五、六年前からカリキュラムの変更を行い、警察関連科目を開設した。これはある程度、成功したのであるが、それでも学校としてやっていくには十分なだけの学生を集めることができなかった。というのも「女子カレッジ」であることが大きな制約となってしまったからである。社会のニーズに応えて、特色あるプログラムを提供しえたにもかかわらず、女子カレッジということで、そのコースを学ぼうとする男性の学習希望者を受け入れることができなかった。その分、広い範囲から女性の学習希望者を集めなければならないのだが、同校には、遠方からの入学者にとって大切な「寮」が完備されていないのだ。

また、情報化の進展した現在にあっては、コンピュータ・ラボや新しい技術へのアクセスといった、大学として当然持ち合わせていなければならない情報技術の水準が非常に高くなっている。そして日々更新されるそれらの技術への対応は、同校のような小規模私立校の財政を圧迫している。財政基盤の安定しているコミュニティ・カレッジや大規模校が先端の教育環境の整備を次々と進めていく中で、財政基盤の脆弱な同校はこの点でも対応することができなかった。これらの設備は、社会ニーズにあったプログラムを開設する上にも基本となるものであるから、教育環境整備の遅れが、思いきったカリキュラム改革にブレーキをかけてしまったことも事実である。

そして、コミュニティ・カレッジがマサチューセッツ州全域に設置され、同校の提供する科目と同じものが、より多様な教育プログラムとともに安価に提供されるようになってからは、同校の存在価値が相対的にうすれてしまったのである。

同校が、学生生活の充実や教育・情報環境の整備などの積極的な改革に踏み切れなかった最大の理由は、理事会にある。理事会の役割は重要で、大学の財政基盤を安定させるための資金集めができることは最も大切な仕事である。さらに、ニューベリー・カレッジにみたように、大学経営を行うためのスタッフの充実・確保など、理事会の果たすべき責任は大きい。これらの点で、同校では、理事会が責任ある執行機関として機能しなかったことが、大学を改革して存続・発展させるという積極的な選択ではなく、閉校という道を選ばせてしまったのである。

5　マサチューセッツ州の女子カレッジ

アクィナス・カレッジは「女子カレッジの魅力の低下」を閉校理由に、その歴史を閉じた。同じく非営利・宗教立の短期大学に、「ラヴール・カレッジ」と「マリアン・コート・カレッジ」があるが、両校とも女子短大として設立されたがすでに共学化している。

また、女子短大として創設されたのち、四年制・総合制カレッジとして現在共学となっているものも多数ある。アンナ・マリア・カレッジ（一九四六年設立、一九七三年共学）、エルム・カレッジ（一九二八年設立）、エンディコット・カレッジ（一九三九年設立、一九九四年共学）、ラッセル・カレッジ（一八五一年設立）、マウント・アイダ・カレッジ（一八九九年設立、一九八〇年代共学）、ウィートン・カレッジ（一八三四設立、一九八八年共学）などがそうである。

「共学・四年制・寮の完備」で成功している「エンディコット・カレッジ（Endicott College）」は、一九三九年の設立当時から女性の職業的・社会的・経済的自立に貢献するため、実践的な職業教育を行ってきた女子短大で、インターンシップやオフ・キャンパス・プログラムなどが充実している。一九九四年の秋入学から共学となり、それとともにテクノロジーや世界貿易など女子のみの時にはなかった科目を提供するようになった。現在は学士、準学士、修士などの学位が取得できる「共学・四年制」カレッジとして生き残りを図っている。

州内で唯一最後の女子短期大学であったアクィナス・カレッジが閉校した現在、マサチューセッツ州で「女性のための教育」を看板にかかげているのは四年制の女子カレッジだけということになる。州内にある私立・非営利の女子カレッジは全部で九校あり、そのうち六校がグレート・ボストン地区に集中している。各校ともそれぞれが独自性をもち、特徴ある教育を行っている。

これらの女子カレッジは、他の多くの大学と、多層にわたる教育ネットワーク（コンソーシアム）を形成して、学生の教育研究環境を充実させている。図書館相互貸借や単位互換、イベントの相互交流、学生や教員の共同研究、交換プログラムなど、コンソーシアムに参加することで、教育環境を充実させている。

また、「スミス・カレッジ（Smith College）」のように四年制の女子カレッジといっても、修士以上の課程を共学としているところもある。さらに、「女子カレッジ」としていくのか共学化するのかについてその方向を常に検討しているカレッジもある。他大学と連携することは女子カレッジの魅力を支えてくれるとともに、実際には他大学の男子学生が参加することになるわけであるから、「女子学生のみ」の理由を揺るがすことにもつながっているのである。

3　多様な教育プログラムで生き残り——ベイ・ステート・カレッジ

1　沿革と概要

それでは次に、多様な教育プログラムで生き残りを図っている「ベイ・ステート・カレッジ(Bay State College)」の事例を紹介しよう。ベイ・ステート・カレッジは、一九四六年にボストン市内の中心部に設立された職業教育重視の私立・非営利の短期大学である。地域アクレディテーション協会の認定を受けた、学生数約六〇〇人の小規模校で、すべての学生がフルタイムである。二五才以上の学生の比率は全体の約四～七%を占めるにすぎない。就職希望者のほぼ一〇〇%が就職している。近年四年制への編入希望者が増加し、その割合は二五～三〇%に上っている。授業料は年一万一三〇〇ドル、寮費が七二〇〇ドルである。六〇〇人の学生に対し約五〇人の教員(専任二〇人、非常勤三〇人)が、二〇〇以上の科目を提供している。学生サービスとしては、個別のカウンセリング、夜間送迎サービス、二四三室の学寮を完備し新入生は入寮を保障されている。

2　学生募集

同校も他の短期大学と同様、生徒募集には力を入れているが、ディーン・カレッジのような広域をターゲットにした大胆で積極的な広報・リクルート活動は行なっていない。マサチューセッツ州を中心に、ターゲットとするエリアを決めて募集をしている。近隣のコネチカット州にも募集を行っているが、まずは地元を優先している。その結果、学生の八五％が州内から入学し、さらにその半分がボストン在住者である。高校との関係も、州内の高校八～一〇校へ募集に行く程度である。

学生募集のターゲットになる高校生は、①四年制大学に行く準備ができていない生徒、②四年制大学に行くという気持ちがない生徒、③今は短大を卒業して就職しようという生徒である。

海外からは、現在、一五カ国から二〇人が入学しているが、留学生への宣伝にはコストがかかる上、それなりの対応も必要となり経営的に見合わないという理由から、海外への学生募集は行なっていない。

3　学生指導

ここでは、二年制の小規模校として、学生に対する一対一の丁寧な教育を特徴にしている。専攻別にプログラムディレクターがおり、さらにその下にアドバイザーがいて対応する。しかしそれらのクラスにかかわらず、質問や問題が生じた時にその場に居合わせた教員がきちんと対応するように配慮している。こうすることで、学生はベイ・ステート・カレッジの一員という一体感を感じることができる。

教員による丁寧な学生指導を実現するために、教員の担当コマ数は抑えられている。①役職のない専任教員は各学期五コマ、②各専攻のプログラムディレクターを兼任している専任教員は各学期四コマ、そして就職センター長などの③特殊な役職についている専任教員は各学期一コマとなっている。ちなみに、教員の給料に関しては、交渉により決定されるので、科目の受講者数はあまり影響しない。専任の在職期間は比較的長く、教員の移動はほとんどない。

4　多様な教育プログラム

同校では、六〇〇〇人の学生に対し、一八もの専攻を開設し、二〇〇科目を開講している。**図表4-1**に示した通り、幅広い分野の専攻が提供されている。このように多様な専攻を設けるのは、経営上の戦略からである。もし、専攻が二つか三つしかなければ、今の学

図表4-1　ベイ・ステート・カレッジの専攻

・会計学（Accounting）
・経営実務（Business Adiministration）
・コンピュータ管理運営（Computer Applications Management）
・幼児教育（Erly Childhood Education）
・ファッション・デザイン（Fashion Design）
・ファッション販売（Fashion Marchandising）
・一般教養（General Studies）
　①ビジネス　②健康　③社会科学　の三つの専攻に分かれている
・ホスピタリティー・マネージメント（Hospitality Management）
・ホスピタリティー・トラベル・マネージメント（Hospitality and Travel Management）
・法律実務（Legal Studios）
・医療アシスタント（Medical Assisting）
・職場療法アシスタント（Occupational Therapy Assistant）（96年開講）
・オフィス・テクノロジー（Office Technologies）
・物理療法アシスタント（Physical Therapist Assistant）（96年開講）
・小売経営管理（Retail Business Management）
・観光業務（Travel and Tourism）

生の二〜三割しか集まらないだろう。学生が何を求め、社会や企業が何を求めているのかによってその即戦力となる人材を育成するのが二年制大学の使命と考えている。また、学生も、どの業界にどの仕事があるから専攻するという傾向が強く、企業からも即戦力を養成してほしいという期待が強い。このような傾向はここ一〇年強くなっており、これに応えるかたちで様々な専攻が開設されているのである。

例えば「職場療法アシスタント」や「物理療法アシスタント」は九六年に新設された。「コンピューター管理経営」は九八年、「ファッション・デザイン」は九九年に新設されており、業界ひいては学生からのニーズに学校側が敏速に対応している様子がうかがえる。

学生の専攻分野の選択傾向をみると、経営管理系が六〇％、保健医療・関係科学系が二〇％、教育系四％、リベラルアーツが二〇％となっている。「幼児教育」専攻者が四％以下と非常に少ないにもかかわらず開設する理由は、幼児教育に関しては在籍するスタッフで対応できるためコストがかからず、学生が何人か選択すれば成り立つからである。一旦閉講し、後で必要になった時点で開講するためには、再度登録する必要があり、登録申請手続きが大変なので、もったいないから選択者が少なくても続けている、ということである。これに対し、「職場療法アシスタント」や「物理療法アシスタント」は、教室のスペースや器具、講師費用など大変コストがかかるので、一定の人数が受講しないと開設することができないので、学生の確保が課題になる。

同校はみずからを、四年制大学と専門学校との中間に位置するものと考え、市場に敏感に反応して変わる学校として努力しているのである。

5　高い就職率

同校の学生の就職率は、就職希望者の一〇〇%という高さで、これを支えているのは、丁寧な就職指導である。就職指導室には卒業予定者数の五倍の求人情報をもち、多数の企業や団体と求人情報の交換を行っている。特に親しくしている企業や団体もあるが、かといってそれらが優先的に採用してくれるというような関係ではない。

就職活動支援は在校生に限られず、就職後しばらくして仕事を変えたい人や、他に転学してから就職時に相談にくる人などにも就職相談・支援を行なっている。卒業後十年経った学生にも面倒をみるというスタンスであるから、就職指導室の利用者は多い。

具体的な就職指導としては、①ワークショップ(履歴書・自己紹介書の書き方、面接試験の受け方など)、②キャリア・フェア(就職関連のフェア)、③ホリデー・フェア(休暇中のパートタイム仕事の紹介など)、④四年制大学への編入学支援、⑤個別カウンセリングなどである。

近年、短大の卒業資格より四年制大学の卒業資格を要求する仕事が増えてきたため、同校でも転学希望者が増加し、在学生の二五〜三〇%を占め、さらに拡大する傾向にある。

6　継続教育プログラム(Continuing Studies)

同校が提供する継続教育プログラムは、一セメスターにつき二〇科目で、一年間に八セメスター、合計一六〇科目である。一セメスターは八週間で終了する。

受講者は全員が職業人である。受講理由は、①知識のリフレッシュ、②キャリアアップ、③転職などのためにこれまで身につけていなかった知識を学ぶ、というものである。

継続教育プログラムは、各大学にとって期待できる収入源として財政的な安定に貢献している場合が多い。同校でも同じであるが、最近、受講者が減少しはじめたということである。考えられる理由として、①広告の不備、②以前きていた卒業生が減ってきたことを挙げている。そして、③これまで高校卒業資格しかなかった人が、就職市場で四年制の卒業資格を要求されるようになったために、四年制の卒業資格につながりやすい四年制大学が提供するプログラムを受けるようになっているのではないかという三つ目の大きな理由を推測している。この第三の理由が、第二の卒業生受講者の減少に影響を与えているだろうことは容易に推察できるが、これは私立短期大学が継続教育の分野でも厳しい状況になりつつあることを示している。

7　今後の課題

このようにベイ・ステート・カレッジは、多様な教育プログラムを提供し、一対一の丁寧な学習指導・就職指導を行うことによって、小規模ながら健闘している。しかし、これほど様々な分野にわたるプログラムを提供するためには、コストもかかり、市場への機動的な対応も怠ることはできない。学校経営におけるその努力は大変なものである。それでも、同校の財政的な安定を支えるために大きな役割を果たしてきた継続教育をどう立て直すのか、学士課程をどうするのかなどまだま だ課題のあるところである。

継続教育については、もう一つの私立短大である「フィッシャー・カレッジ(Fisher College)」が成功している。同校は、同じくボストン市内のバック・ベイ地区に、一九〇三年に設立された。この短大は、インターンシップや四年制編入プログラム、在籍二年目をヨーロッパで過ごす海外研修プログラムなど多様な学生サービスを行っている。さらに、リベラルアーツ、保健福祉、ビジネス、キャリアなどの四分野で提供する数多くの専攻についてそれぞれ準学士が与えられる以外に、「学士課程プログラム」をもっており、経営(BS)専攻で学位が取得できる。そして、継続教育プログラムでは、ボストンおよびマサチューセッツ東部に一一のキャンパスを開設して、地方の企業・団体・学生に対して利便性のある継続教育サービスを提供しているのである。

以上みてきたように、マサチューセッツ州における私立短期大学は、厳しい状況にありながらたゆまぬ努力を続けている。しかし、職業資格として学士課程が当然視されるなかで、短期大学として生き残っていくことはさらに厳しくなることは想像にかたくない。そのような流れのなかで、四年制大学へのファーストステージとして、四年制大学に進学する準備のできていない学生を積極的に受け入れ、編入のための学習指導をし、編入支援を行う傾向が強まりつつある。また、ベイ・ステート・カレッジのように、進学よりも就職することを意識した多くの学生に対しては、丁寧な学習指導をすることにより、学生たちが就職後に要求される学習や資格獲得のための基礎を提供することで、ファーストステージとしての役割を果たしている例もある。

本章で取り上げた事例が、日本の短期大学に示唆するものがあるとすれば、「経営責任」ということであろう。閉校したアクィナス・カレッジのように、経営責任を負う理事会がその役割を果たせず、資金集めも経営判断もできなければ大学の使命を貫くことはできない。また、ベイ・ステート・カレッジのように、市場のニーズに鋭敏に対応し、多様な教育プログラムや資格を提供するためには、経営判断の俊敏さと決断力・実行力が要求される。その場合、教員も、市場に対応した教育内容の充実や校務の積極的な分掌など、ともに経営責任を担うものとして行動することが要求されている。厳しい競争状況下では、学生や企業、社会のニーズに敏感に対応することで短期大学の存在価値を創りだし続けることが経営責任を果たすことなのではないだろうか。

（北村久美子）

参考文献

邦文文献

・現代アメリカ教育研究会編、一九九三年、『生涯学習をめざすアメリカの挑戦』教育開発研究所。

・舘昭、一九九七年、『大学改革　日本とアメリカ』玉川大学出版部。

第五章　アメリカの州高等教育システムと短期高等教育

1　ミネソタ州高等教育の改革と特色

1　三つの高等教育グループへ

一九九一年にミネソタ州の高等教育の構造を変える法案が州議会を通過した。「ミンスキュー」と呼ばれるミネソタ州立大学・カレッジシステム(MnSCU: Minnesota State Colleges and Universities)が誕生することになったのである。その設立の目的は、革新的な指導性を提供し、教育テクノロジーを発展させるとともに、高等教育運営における効率性を促進することにあった。このミネソタ州立大学・カレッジシステムは、一九九五年七月一日に正式に創設され、これによってミネソタ州の高等教育は、パブリックセクターとして伝統的なミネソタ大学(University of Minnesota)とミネソタ州立大学・カレッジシステムが、そしてプライベイトセクターとしての私立大学の三つのグループに分割されることになった。

ミネソタ大学は、州内を代表するばかりか全米でも高いランクに位置付く伝統的かつ大規模な州立の大学である。四つのキャンパスを有し、学生数約三万五〇〇〇人、Ph.D.を中心とする博士学位を授与する大学である。これに対して新しく誕生したミネソタ州立大学・カレッジシステムは、従来の州立大学七機関のほかコミュニティ・カレッジおよびテクニカルカレッジ二九機関の合計三六機関から成る大規模な大学・カレッジ群で、およそ一四万人の学生を有し、毎年三万人という先のミネソタ大学の三倍近い卒業生を輩出している。授与される学位は、準学士号、学士号および修士号である。わが国の秋田県に位置するミネソタ州立大学秋田校もその一つである。また、私立大学は州内に四年制大学一六機関、二年制短期大学三機関の合計一九機関から成るが、いずれも規模的には小さい。授与学位も、ミネソタ州立大学・カレッジシステムと同様に準学士号、学士号、修士号までである。

このように、三つのグループに分けられたミネソタ州の高等教育は、設置主体のほか学位授与の点でも明確に区別され、その構造はカリフォルニア州やフロリダ州あるいはミシガン州などの特色ある州高等教育システムとも異なっている。

2　ミネソタ州立大学・カレッジシステムの特徴

新しいミネソタ州立大学・カレッジシステムは、それまで三つに分離された管理機構と学長をそれぞれ一つに統合させた。学生は個々の大学やカレッジに入学するが、一つの共通の入学願書がすべてのミネソタ州立大学・カレッジシステムに適用されている。

主として教員養成カレッジから昇格した四年制の州立大学は、学士号や修士号に結びつくアカデミックなコースやプログラムを提供する。リベラルアーツや科学、専門分野のプログラムから構成されている。

コミュニティ・カレッジは、四年のカレッジ教育の最初の二年を担う機関として位置付けられ、卒業生はミネソタ州立大学や他の機関にトランスファーし、学士号学位をめざす。そのため、コミュニティ・カレッジでは主に一般教育を施し、このほか職業教育や基礎的なスキルや技能を身につける学生のためのキャリア準備もしくはカレッジ準備教育を提供する。

他方、テクニカルカレッジは、職業教育を提供するカレッジで、特別な仕事につながる知識や技能を教えるコースやプログラムから構成される。この教育プログラムは、およそ三カ月から二年にわたって行われる。

ミネソタ州立大学・カレッジシステムに含まれる短期高等教育機関は、コミュニティ・カレッジとテクニカルカレッジから構成されているが、提供される教育によってその名称が付けられている。つまり、トランスファー教育を中心とする機関はコミュニティ・カレッジで、職業教育を施す機関はテクニカルカレッジ、そして両者の教育を提供する機関はコミュニティ・カレッジ‐テクニカルカレッジという名称というように、名称をみればその教育の中身が一目瞭然となっている。ミネソタ州立大学・カレッジシステムの特徴はこの点にもみられる。

3　教育システムの革新

①　クオーター制からセメスター制への移行

ミネソタ州の教育改革は、高等教育の構造変革にとどまらず、多くの教育システムの革新をもたらした。その一つは授業体制と関連した学期制の改革である。ミネソタ州立大学・カレッジシステムの誕生とともに、従来まちまちであった学期制をセメスター制に統一し、それは後年になってミネソタ大学のクオーター制からセメスター制への移行をも促した。現在は、ミネソタ州の公立大学・カレッジはすべてセメスター制に統一されることになったのである。

② 州のトランスファーシステムの確立

ミネソタの州立大学では、一九九四年から「ミネソタ・トランスファー・プログラム」と呼ばれる共通のリベラルアーツ教育カリキュラムが開発・実践されることになった。ある機関において学生がこのトランスファー・カリキュラムを履修すれば、ミネソタ州の公立機関へ入学した時に下級学年の一般教育の単位が修得できる。どこでその教育を始め、どこで終わったかは関係ない。リベラルアーツのA．A．学位を取得し、さらに学士号(baccalaureate degree)を目指す学生の質的水準を維持するための統一的な基準が設定され、実践されることになった。

このトランスファー・カリキュラムは、次の一〇の目標を達成することになっている。

①コミュニケーション能力
②批判的思考能力
③自然科学
④数学・論理思考能力
⑤歴史、社会科学、行動科学

⑥ヒューマニティ・芸術
⑦人間多様性
⑧グローバル性
⑨人種・市民的責任性
⑩人間環境

以上の一〇の目標それぞれに到達目標が示され、学習者に求められる能力が詳細に規定されている。例えば、「グローバル性」に関しては、その到達目標を、国や人々の相互依存の高まりを理解し、文化的・社会的・経済的・政治的な諸経験について比較の視野から考える能力を発達させることに置いている。そして、その学習能力の指標として、次の四点を掲げている。

a　歴史的・現代的な次元において、国家および地域の相互の関係に影響を与える政治的・経済的・文化的要素を描写し、分析すること。
b　文化的・社会的・宗教的・言語的相違についての知識を学ぶこと。
c　特別な国際問題を分析し、その解決に影響を与える文化的・経済的・政治的相違を学ぶこと。
d　世界市民の役割と、世界市民が共通のグローバル未来のために共通する責任を理解すること。

こうした州統一のトランスファー・カリキュラムの採用と共通の到達目標および修得すべき能力を盛り込んだ基準は、学生のトランスファーを促進させ、その移動を容易にするとともに、一定の教育水準あるいは学位水準の維持・向上に貢献するものとなっている。ミネソタ州立大学・カレッジシステムの各機関では、こうした統一基準の下で、それぞれの具体的な要件を定めることになった。

2　ミネソタ州短期高等教育機関の教育の現状と課題

1　オープンドア政策・安い授業料

ミネソタ州の短期高等教育機関のうち、ミネソタ州立大学・カレッジシステムに属するコミュニティ・カレッジおよびテクニカルカレッジ(州立カレッジ)の最大の特色は、オープンアドミッション政策である。統合されたミネソタ州立大学・カレッジシステムへの志願は同一の願書が使用され、ハイスクールの卒業証書もしくは同等の能力を証明する全国共通のGED(General Education Development)を有する者は誰でも入学が可能である。四年制大学にはハイスクール成績がクラスの半分以上の成績かACTのスコアが二一以上(SATの場合には合計一〇〇〇点以上)の者が受け入れられる。

また、ミネソタ州立大学・カレッジシステムのもう一つの特色は、授業料などの学費の安さである。授業料は、多くの場合、一セメスター一五単位に基づくもので、ミネソタ州立大学・カレッジシステムのカレッジでは年間平均一九九五ドル、これに諸経費の二二三ドルを加えた合計二二一八ドルと他の機関に比べ最も安いものになっている（宿舎費は一部のカレッジのみで、合計には含まれていない）。これに対して、ミネソタ州立大学・カレッジシステムの四年制大学の場合は、授業料が二五二五ドル、諸経費四八五ドル、宿舎費二九七五ドルの合計五九八五ドルである。同基準で、ミネソタ大学が八九五八ドル、他の私立大学が二万〜二万五〇〇〇ドルであることを考えればいかに安いかがわかる。

以上は州内出身者の年間コストであるが、州外出身の学生についても、例えばウィスコンシン州、ノースダコタ州、サウスダコタ州およびカナダからの学生は州内出身者とほぼ同じ授業料に設定されている。アイオワ州出身者についても、北西部の特定地域から近隣のミネソタ州立大学・カレッジシステムのカレッジに来る学生には同様な措置がとられている。このほか、カンサス州、ミシガン州、ミズーリ州およびネブラスカ州からの学生はミネソタ州立大学・カレッジシステムの大学・カレッジの一・五倍に、その他州外出身者については二倍の授業料徴収となっている。

低教育コストに加えて奨学金など就学保障制度も充実している。ミネソタ州立大学・カレッジシステムのおよそ三分の二の学生は、何らかの公的な経済援助を受けており、これには連邦政府・州政府からのグラントや各種学生ローンが含まれている。このほか、学内外でのアルバイト収入を加えれば、ほとんどの学生は親からの仕送りや援助なしに十分やっていける。

以上のような州短期高等教育機関のオープンアドミッション政策および授業料の安さは、ミネソタ州に限らず他の州の場合にも当てはまるが、こうした高等教育機関へのアクセスの保障は今なおアメリカの大きな特色となっているのである。

２　トランスファー学位教育

ミネソタ州のコミュニティ・カレッジでは、リベラルアーツ教育の学位プログラムが盛んである。コミュニティ・カレッジ全体の卒業生のおよそ七割は、このリベラルアーツのトランスファー教育を修了し、ミネソタ州立大学・カレッジシステムはもとよりミネソタ大学や他の大学・カレッジに進学している。それを組織的に推進させているのが、すでに述べた州のトランスファーシステムであり、そこで定められたトランスファー・カリキュラム(ＭＮＴＣ)規程である。

各コミュニティ・カレッジは、この規程に従って、Ａ.Ａ.準学士号の取得要件を独自に定めている。ノーマンデールおよびインバーヒルズの両コミュニティ・カレッジにおけるトランスファー・カリキュラムは、次のように表わされるが、ミネソタ・トランスファー・カリキュラムの修了要件はほぼ四〇単位と全体の卒業単位のおよそ六〇%以上となっている。

	(ノーマンデール)	(インバーヒルズ)
①コミュニケーション能力	二コース	九単位
②批判的思考能力	ＭＮＴＣの修了で代替	〇～三単位
③自然科学	二コース	六単位

④数学・論理思考能力　一コース　三単位
⑤歴史、社会科学、行動科学　二コース　六単位
⑥ヒューマニティ・芸術　二コース　九単位
⑦人間多様性　一コース　一コース
⑧グローバル性　一コース　一コース
⑨人種・市民的責任性　一コース　一コース
⑩人間環境　一コース　一コース

ノーマンデール・コミュニティ・カレッジの卒業要件は、六四単位ですべて科目番号一〇〇〇以上の科目履修、GPA(Grade Point Average)は二・〇以上が義務づけられている。このうち五〇単位は自校で修得(もし九単位がミネソタ州立大学・カレッジシステムの他機関から単位互換されれば四一単位)するか、もしくは最低二八単位のうち二〇単位は自校で修得(もし九単位がミネソタ州立大学・カレッジシステムの他機関から単位互換されれば一一単位)という条件が付加されている。トランスファー学生は、州の定めるミネソタ・トランスファー・カリキュラムを四〇単位修得し、ほかはすべて選択科目として修得するほか、健康や体育のコース、さらには履修推奨科目としてコンピュータ・リタラシーや外国語が挙げられている。

一科目の単位数は科目によって異なり一〜八単位に及んでいるが、多くは二〜四単位に含まれ、

なかでも三単位科目が主流となっている。専門職業をめざすA．S．やA．A．S．学位の場合には、一般教育と専門教育との比率がほぼ一対一に設定され、看護など特別な資格に結びつく分野では、各セメスターごとの履修モデルが設定され、学期ごとの均等履修が求められている。

カリキュラムが体系化され、科目番号制が採用されているため、学生の履修や履修アドバイスも比較的容易になっている。しかも基本的な科目については、ハイスクールとのカリキュラムの整合性もとられている。

3　プロフェッショナル学位教育

コミュニティ・カレッジでは、トランスファー教育やキャリア教育とともに、専門職への資格教育も行われている。近年の雇用状況を反映して、新しく加わったプログラムとしては教育関係や健康・保健関係がある。とくに一九九九年度から教員養成プログラムへの取り組みを積極的に行っているインバーヒルズ・コミュニティ・カレッジの場合を取り上げることにしたい。

ミネソタ州では、K(幼稚園)—一二(学年)の教員免許を取得するためには資格試験を受ける前に四年制の学位プログラムを修了することが条件になっている。同州では、二〇〇二年までに五万人の教員が必要とされているが、インバーヒルズ・コミュニティ・カレッジでは、ミネアポリス・セントポール市の都市部の教員不足に対応するために、新たにUTEP(Urban Teacher Education Program)と呼ばれるプログラムを足させることになった。

このＵＴＥＰプログラムは、都市部に立地する他のカレッジや大学、公立学校と連携・協力して都市教員養成に必要とされる単位の半分に当たる六四単位のＡ．Ａ．コースの修了を目的とし、残りは四年制大学で修得させるものである。学生は、各学期とも二五人以下の小集団に分けられ、新しい技術やソフトウェアを効率よく使いながら教室内の教授‐学習活動に応用できる能力を養う。また、Ｋ―四、五―八、九―一二の学年およびそれらから一つ選択の合計四種類の教育実習を都市部の学校において行う。各コースとも六〇～七〇時間の実習である。

このプログラムへ参加する学生への経済的援助(グラントやローン、奨学金など)も用意され、履修形態においても昼間と夜間に授業が組まれたり、必ずしもフルタイムでなくてもパートタイムで修了することも可能となっている(この場合は三年間)。他の教育コースと区別されている点としては、このプログラムを修了する際のＧＰＡは二・五以上と高くなっていることである。

４　個人ベースの教育訓練(Customized Training)

労働する個々人の希望に応じて特別な教育を施すプログラムが、ＣＴ(Custamized Training)と呼ばれるものである。このＣＴプログラムは個々の雇用主と密接な関係においてミネソタ州立大学・カレッジシステムの各機関で提供され、コースの多くは仕事場で行われる。学生は、学位を追求する代わりに、特別な仕事のための特殊な技術を修得する。それによって、より早く、より効率的に仕事に従事することができる。ミネソタ州立大学・カレッジシステムでは、毎年、三二〇〇種のビジネスから一〇万人以上もの雇用者を訓練する。

このCTプログラムは、これまでの継続教育(continuing education)をさらに個別化したプログラムであり、企業や職場等の連携やスポンサーが不可欠である。具体例として、例えばインバーヒルズ・コミュニティ・カレッジでは、CTプログラムを継続教育の一環として位置付け、次のようなプログラムを用意している。

①コンピュータ・テクノロジー
1　CISCOネットワーク資格コース
2　A＋資格証明書コース
3　Windows NTプログラムコース

②管理指導性
1　パブリックセクターの管理運営のための証明書コース
2　企業等の管理者を対象としたパートタイムの夜間コース
3　現地でのコンサルタントコース

③ヘルスケア専門性

④職場でのコミュニケーション技術
1　職場での外国語コース

2　読み書き算の基礎スキルの評価コース
3　ビジネスおよびテクニカルな書き方スキルコース

また、こうしたプログラムと同時にほとんどのカレッジでは、学生のためのキャリアセンターやアカデミック・サービスセンターを設置している。学習センターには、数学センターやライティングセンターなどが含まれている。これらのセンターは規模は比較的小さいが、専門のカウンセラーやコーディネーターあるいはチューターなどを配置しており、このほか障害者のための特別な配慮もされている。

3　ミネソタ州立大学・カレッジシステムの二一世紀への教育戦略

1　ミネソタ州立大学・カレッジシステムの管理運営・財政

ミネソタ州立大学・カレッジシステムは一五人のメンバーから成る理事会(Board of Trustees)によって管理運営されている。一五人の理事のうち八人は憲法上の行政区域から選任され、四人は全体の大学・カレッジから、残りの三人は学生である。学生理事は、一人は州立大学から、一人はコミュニティ・カレッジから、残りの一人はテクニカルカレッジの代表者である。学生理事は任期二年であるが、他の理事は六年となっている。すべての理事は、州知事によって任命され、州議会の承認を得る。

理事会は、ミネソタ州立大学・カレッジシステムの政策・方針を定め、指導性を発揮するとともに、同システムの総長(chancellor)を任命する。この総長はシステム内のサービス業務を行うシステムオフィス(system office)とともに、教育プログラムをレビューし連絡調整を行うほか、単位トランスファーのプロセスを監督したり、労働契約を結んだり、学長候補者を探したりして、理事会の政策の実行に当たる。

また、理事会は、州立大学・カレッジの各学長を任命し、すべてのキャンパスの予算案を策定するほか、アカデミック・プログラムや入学条件を認可したり、卒業証書の授与や各機関の方策を承認する。

ミネソタ州立大学・カレッジシステムの年間予算は、約一二億ドルで、そのうち二五％に当たる三億ドルは授業料や入学手数料など学納金で賄われ、残りは州の歳出予算や他の財源から充当される。

収入・支出の両面からミネソタ州立大学・カレッジシステムの財政構造をみると次のようになる(一九九七年度)。

(収　入)		(支　出)	
州政府	四六・一％	給与・保険	六三・一％

学生納付金	二七・七％	購入	一三・九％
連邦グラント	一〇・二％	グラント	一一・七％
販売・手数料	六・七％	補填	八・三％
州グラント	三・五％	その他	三・〇％
その他	五・七％		

なお、こうした予算面を含めてミネソタ州立大学・カレッジシステムの管理運営を監督する機関として、ミネソタ州の上院・下院の両者にそれぞれ「高等教育委員会」が設置されている。

2　ミネソタ州立大学・カレッジシステムの教育戦略

ミネソタ州立大学・カレッジシステムの二一世紀の戦略的目標(strategic goals)は、次の六つに置かれている。

第一は、アカデミック・アカウンタビリティである。これは、すべての学習分野において、教育を施すすべての人々に対して、学業到達度を測定することによってアカデミックなアカウンタビリティを提供することである。すべての分野とは、テクニカル・キャリア教育、リベラルアーツ・一般教育、および継続教育の分野である。

第二は、スキルに基づくトランスファーである。これは、スキルに基づくトランスファーを通して、学生の機関間および教育プログラム間の上昇移動を容易にすることで、二年制と四年制、二年制と二年制の各機関間、リベラルアーツ、キャリア教育、一般教育におけるトランスファーを指す。

第三は、キャリア教育である。これは、学生が単に最初の仕事のためでなく生涯キャリアに必要となる一般教育や技術および能力の獲得を保証することを目指したキャリア教育を再考することである。それは、職業訓練から修士号プログラムにいたるまで、またK—一二、school - to - work, 職業技術発達を含むものである。

第四は、電子教育(electronic education)である。これは、電子教育がミネソタ州立大学・カレッジシステムのコア要素になり、学生、学校、カレッジ・大学、ビジネス・コミュニティを結びつけながら教授・学習を向上させることを保証することである。

第五は、プログラムおよびサービスの結合である。これは、ミネソタ州立大学・カレッジシステムのプログラムやサービスをコミュニティやビジネスのニーズと結びつけることである。

そして第六は、ミネソタ州立大学・カレッジシステムとK—一二のパートナーシップである。これは、ミネソタ州立大学・カレッジシステムとK—一二の教育とのパートナーシップをシステム全体の努力を追求することによって強化することである。K—一二までの教育の改善や教師教育の充実、あるいはハイスクールからカレッジへの円滑な移行を保証することなどが求められている。

以上の六つの戦略的目標には、それぞれ「ねらい」「背景」「課題」「評価」のそれぞれが詳細に述べられ、ミネソタ州立大学・カレッジシステムの二一世紀の教育戦略となっている。

ミネソタ州では、ミネソタ州立大学・カレッジシステムの誕生によって高等教育システムの三グループ化が成立し、コミュニティ・カレッジやテクニカルカレッジの短期高等教育機関もすべてミネソタ州立大学・カレッジシステムに組み込まれることになった。成立後まもないため、そのシステムの成否は困難であるが、少なくともこれまでの実践においては、これらの短期高等教育機関の勢いは以前に比べプラスの方向にあり、その効果は大きい。具体的には、以前より州政府による財政的措置が多くなったことや、トランスファー機能が充実・強化されたことを挙げることができる。都市部あるいは都市近郊のコミュニティ・カレッジでは様々な革新的な実験を試みており、教職員など構成員の意気込みも強く感じられた。これに比べて都市部から遠い地域に位置するコミュニティ・カレッジでは、その意気込みはやや低いように思われたが、それは機関のトップを中心とする組織力や実行力の差であるかも知れない。

いずれにせよ、ミネソタ州の二九の短期高等教育機関は、きめ細かい少人数制の教養教育の充実や個に応じた専門的能力の育成・強化により、短期高等教育機関は生涯学習あるいは専門職への資格教育におけるファーストステージとしての地位を確立しつつある。今後は、ミネソタ州立大学・カレッジシステムという統一体の中に置かれながらも、競争的環境の下でそれぞれの個性を発揮しなければならなくなったといえる。

短期高等教育の発展の教育戦略として、教養教育と職業専門能力をうまく組み合わせ、また州全体とのネットワーク化、コンソーシアム化の実現によって継続教育のファーストステージとしての位置付けを明確にし、さらに個々の機関に対して資格開発や多様な職業能力啓発プログラムあるいは個性的なカリキュラムの創造を促した点は、わが国の短期大学の発展を考える上で示唆に富むものであるといえる。

（清水一彦）

参考文献

欧文文献

・Minnesota State Colleges and Universities,1999a. *Real Impact - MnSCU on Main Street.*
・――――,1999b. *Go Places.*
・*Inver Hills Community College Catalog 1999 - 2000.*
・*Normandale Community College Catalog 1999 - 2000.*

第六章　カナダの高等教育とオンタリオ州のカレッジ

1　カナダの中等後教育制度

G8（主要八カ国）教育サミットが開催された時、カナダの出席者は州の教育大臣だった。カナダの連邦政府には教育省がないからである。これは、一八六七年のカナダ連邦結成時に制定された「英領北アメリカ法（一八六七年憲法）」により、教育に関する事項は州政府の管轄事項とされたことに起因している。その後、カナダ憲法の改廃権をイギリス議会からカナダに完全に移管することを唱った「一九八二年カナダ法」や「一九八二年憲法」においても、この路線は変わっていない。このため学校教育制度そのものが州により異なっている。

現在カナダには、初等・中等教育機関として、小・中・高校をあわせて約一万五四〇〇、中等後教育機関として、大学（学位授与カレッジを含む）が約九〇、カレッジ、専門学校および職業訓練学校が約二〇〇、この他に多数の職業訓練のための学校がある（カナダ・州政府教育大臣審議会、一九九八、ii頁）。

このうち中等後教育機関は、学位授与機関と学位非授与機関とに大別され、通常学位授与機関が大学（university）と呼ばれ、学位非授与機関には、カレッジ、コミュニティ・カレッジや工業専門学校などが含まれる。各機関に含まれる教育組織は左記のとおりである。

図表6－1　大学・カレッジの学生数の推移　(1971年－1991年)

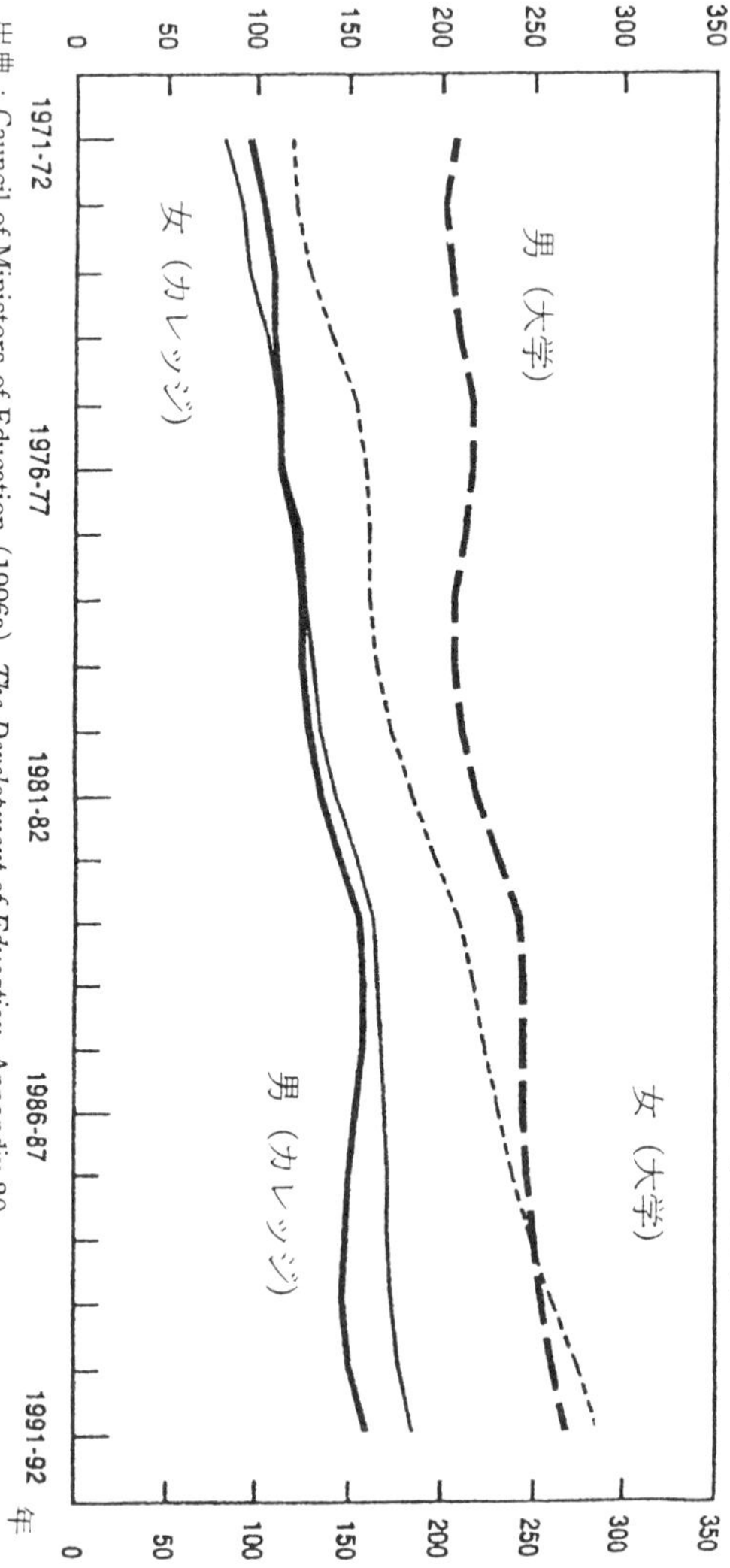

出典：Cauncil of Ministers of Education (1996a), *The Development of Education*, Appendix 20.

①　学位授与権を有する機関

(1)　総合大学　学士、修士、博士課程をもつ。カナダには総合大学が多い。

(2)　カレッジ　人文系を中心とした小規模な機関で、通常は学士課程のみである（一部機関は修士課程や博士課程をもつ)。

(3) 神学カレッジ　神学・宗教のみの学位課程をもつ。

(4) 専門教育機関　工学、芸術などの分野で設置されている。

(5) ユニバーシティ・カレッジ　ブリティッシュ・コロンビア州(以下「BC州」という。五大学)とノヴァ・スコシア州(一大学)のみに設置されている。非学位取得課程(一～二年)と、学士課程(四年)を併置している。二年間の非学位取得課程修了後、学士課程の三年次に編入し、学士号が取得できる。

(6) コミュニティ・カレッジ　BC州では一九九三年度以降、準学士(Associate Degree)が認定され、コミュニティ・カレッジにおいて、授与されるようになった。

② 学位授与権を有していない機関(州により名称も異なる)

(1) カレッジなど

コミュニティ・カレッジ、普通・職業教育カレッジ(セジェップ〔CEGEP: collèges d'enseignement général et professionnel〕ケベック州のみ[1])、工芸・技術カレッジ(CAAT: College of Applied Arts and Technology)など

(2) 農業カレッジ、芸術専門学校、その他の専門学校

(3) 教員養成カレッジや医療関係学校など

(4) 私立の専門学校・職業訓練学校

以下、本章では学位非授与機関としてのカレッジ、コミュニティ・カレッジ、工業専門学校（前述の②の⑴～⑶まで）をまとめて「カレッジ」と呼ぶこととする。

2　中等後教育の概要

1　中等後教育の現状

カナダの中等後教育は、一六六三年に設立されたラバル大学（現ケベック州）の前身（セミネール・ドゥ・ケベック）をもって嚆矢とされる。英語圏で大学が最初に設立されたのはニュー・ブランズウィック大学の前身で、一七八五年である。カナダで宗教色のない大学は、一八二一年にモントリオールに開学したマギル大学の出現まで待たねばならない。

二〇世紀に入り、西部四州で、州政府のチャーターにより大学が設立されるようになり、さらに第二次世界大戦後、連邦政府が五万三〇〇〇人に及ぶ軍人に大学奨学金を提供したことを契機に、一気に高等教育人口が拡大していった。こうした流れを受けて、一九五〇、六〇、七〇年代に、カレッジに代表される新たな高等教育機関が設置されるようになった。

一方、伝統的な大学では、一九六〇年代までは教会勢力が強く、西部諸州を除いて宗派別大学が主流だったが、財政的な不安定さから一九七〇年までに多くの大学が州立大学へと転換していった。現在、私立大学として運営されているのは、極めて少数の宗教系の大学にすぎない。ただし、これらの大学でも入学についてはすべての学生に開かれている(Council of Ministers of Education 1996a: 3 - 4)。

　今日カナダでは、高校を卒業すると、大学へ進学する者とカレッジに進学する者が各々四〇%程度で、残りの二〇%は就職する。ケベック州を除くと、職業・技術志向の強い学生はカレッジへ進学し、アカデミック志向の学生が大学へ進学する傾向にある。

　大学生数(大学院を含む)が八二万一七六〇人(うちフルタイム学生五七万六五三七人、パートタイム学生二四万五二二三人(一九九八—九九年))(Association of Universities and Cooleges of Canada 1999: 12)であるのに対し、カレッジ学生数が五四万八〇七九人(うちフルタイム学生三八万九五六四人、パートタイム学生一五万八五一五人(一九九五—九六年))である。特に近年、女子学生数と二四歳以上の学生数の増加が著しい。やや古いデータではあるが、一九九一—九二年度においてすでに大学でもカレッジでも女子学生数が、男子学生数を上回っている(**図表6 - 1**を参照)。また全学生(大学とカレッジの合計)を年齢別にみると、約二五%の学生が二四歳以上となっている(Council of Ministers of Education 1996b: 36)。

　カナダでは州ごとに教育制度が異なることもあって、州を越えて他州の大学へ進学する者は極めて少ない。平均すると、他州の大学で学部教育を受ける学生は八%にすぎず、大学一年生のうち四五%は自宅通学している(Associtation of Universities and Colleges of Canada 1998: 8)。

2　短期高等教育機関（カレッジ）のあゆみ

一九六〇年代初葉、人的資本の考えに基づく経済成長のための教育投資の必要性、高等教育人口増大化の予測、労働市場における中堅技術者の需要などから、公立の中等後教育機関設立の要望が出されるようになった。しかしながら、大学の拡張に対しては、教育と研究の水準を落とすことになるとの理由から大学人の反発が強かったため、新たな機関が設置されることになった。これがカナダにおける短期高等教育機関・カレッジの始まりである。

確かに、カレッジのなかには、その始まりを一九二〇年代にまでさかのぼるものもあるが、五〇年代までのカナダでは、職業・技術教育は中等教育の範疇とみなされており、アメリカのようにジュニア・カレッジや二年制カレッジ制度が発達することはなかった。よって、ほとんどのカレッジが、この六〇年代以降に設置されている。

オンタリオ州、マニトバ州や大西洋沿岸諸州では、大学とはまったく異なる教育内容を提供する形で短期高等教育システムが形成されていったのに対し、西部のアルバータ州やBC州ではカレッジに、職業・技術教育とならんで大学編入プログラムも併せて用意される形で制度が整えられた。近年ではこれらコミュニティ・カレッジが準学士の学位を出すようになっている。

なお、「カレッジ」という用語は、カナダでは、公立の中等後教育機関の総称として用いられることが多く、一般的には学位を授与しない機関である。ただし、極めて少数ではあるが、私立のカレッジ（その多くがケベック州のセジェップ）もあるが、公立のカレッジに比して、よりアカデミックな教育カリキュラムに特化しているといわれる(Dennison 1995: 122)。

3　短期高等教育の概要

1　カレッジの管理・運営

カレッジは、大学に比べると、政府による直接的関与の度合いが大きい。政府の関与する事項は、一般的には、入学方針、カリキュラム、施設・設備の計画、労働条件などである。すなわち、新規プログラムを立ち上げる際には政府の承認が必要とされ、授業料も、多くの州で政府の認可なしに値上げすることができない。カレッジの運営は、各カレッジに設けられている評議会(Board of Governors)によって決定されるが、このメンバーは州または市町村政府によって任命され(一部選挙で選出)、学生、教員やコミュニティの代表が含まれる。

2　取得できる資格

カレッジは、職業用のディプロマを授与しているが、資格としては、おおよそサティフィケート(certificate〔修業期間はおよそ数週間～一年間〕)とディプロマ(diploma〔修業期間はおよそ二～三年間、一部四年間〕)の取得とに大別される。この両者はカナダ国内ではどこでも通用するが、近年、教育の国際化や労働市場の国際化により、サティフィケートやディプロマといった資格よりも、学位(Degree)を強く望むようになっている。こうした声を受け、ＢＣ州ではコミュニティ・カレッジで準学士を付与するようになった。

なお、ケベック州以外でカレッジから四年制大学への編入プログラムを正式な制度としてもつのはＢＣ州、アルバータ州、マニトバ州および二準州で(一九九五年)、あとは特例的存在として個別の対応で認めている。オンタリオ州のみ編入プログラムが制度として存在しない。よって同州の場合、「大学編入プログラムの学生数」といった統計数値は集計されない。しかしこれまた「個別ケース」として、カレッジから大学へ編入する学生が存在する。実態としてはかなり柔軟な対応が行われているのが、カナダの特徴といってよいだろう。ただし、大学編入プログラムで学ぶ者は、編入のために必要な単位の履修のみを目的としており、プログラム修了者がカレッジ卒業者とは限らない。

カレッジでは様々な教育プログラムが提供されているが、基本的には各コミュニティの状況に応じたプログラムが提供される。例えば、移民の多いところでは言語教育プログラムが充実しているし、大都市部では第三次産業の技術教育が中心になっている。

こうしたプログラムを内容面からみると、産業界との連携が非常に強いことが伺える。各カレッジでは、「産業アドバイザリー委員会」をつくって、現在産業界で何が求められているのかといった提言を受け、アップデイトなカリキュラムをつくりあげている。加えて多くの場合、これら委員会

図表6－2　1995-96年度学生数　（単位：人）

フルタイム学生	カナダ	BC州	ケベック州	オンタリオ州
キャリアプログラム	285,245	15,844	88,200	134,503
大学編入プログラム	104,319	14,574	83,361	－
合　計	389,564	30,418	171,561	134,503
パートタイム学生	カナダ	BC州	ケベック州	オンタリオ州
キャリアプログラム	126,318	19,600	6,198	83,528
大学編入プログラム	32,917	25,284	5,741	－
合　計	158,515	44,884	11,939	83,528

出典：Statistics Canada (1998), *Education in Canada 1997*, pp. 50-1.

の委員は、自らの会社の施設を実習の場として提供したり、場合によっては社員を教員として派遣するなど連携を深めている。

いずれにせよ、大学では理論的学習を行い、カレッジでは実践的教育を行うといった点で両者の棲み分けが行われている。

3　カレッジの教育

プログラムにより開講時期や期間は異なるが、一般的には、ディプロマレベルのプログラムでは、大学と同様二学期もしくは三学期制をとるところが多い。年間を通じて、様々な単位修得科目や非単位修得科目が、昼間コースや夜間コースで、またオンキャンパスやオフキャンパスにおいて提供されている。

授業料は、州により違い、各カレッジで異なり、さらにプログラムによっても異なるが、ケベック州セジェップの授業料は無料となっている[2]。オンタリオ州ではこの一〇年間で、授業料が平均五〇％値上がりしたのに対し、BC州では、この五年間授業料が据え置かれたままである。

カレッジの学生数は、**図表6-2**のとおりである。参考までに

BC州、ケベック州およびオンタリオ州の学生数も記したが、すべて内数である。

4　事前学習評価(PLA＝Prior Learning Assessment)制度の導入

カレッジ教育をめぐる様々な改革の例として、前述の大学編入プログラムや準学士の制定はもとより、生涯学習を強力に推進するための遠隔教育プログラムの導入などを挙げることができる。こうした動きは、一九八〇年代末から九〇年代にかけて、各州で行われたカレッジ教育の改革の成果であり、この路線の延長上に、事前学習評価システムが位置付けられている。

この制度は、学生がプログラムの学習開始前に、それまでの学習や仕事における成果を文書で証明したもの(ポートフォリオ)を、カレッジに提出し、カレッジ側はその審査を行い、カレッジでの学習内容と同等の内容に該当すると認定された場合、その学習を履修済みのものとして単位が認定される制度で、すでに一部の大学で実施されている。この制度の目的は、学生が同じ内容を再度履修する無駄を省き、費用対効果を上げることだといわれているが、学生のニーズに対し敏感に反応するカレッジにとって、生涯学習の推進、とりわけ成人学生の獲得に際して大きな武器として利用したいという思惑があるようだ。解決すべき課題も大きいが、学生の高等教育へのアクセスを重視するならば、事前学習評価制度が普及していくのは間違いないと専門家は指摘している(Dennison 1995: 132)。

5　課　題

今後、カナダのカレッジがさらなる発展をするためには、どのような点が課題として考えられているのだろうか。

カナダ・コミュニティ・カレッジ協会(the Association of Canadian Community Colleges)は、現在のカレッジの特徴をより一層伸展させることが今後の発展につながるとして、(1)コミュニティ重視であること、(2)アクセスのよさ、(3)産業界との連携強化、(4)国際化の四点を強化のポイントに挙げている[3]。発展の方向性はかなり明確に打ち出されているものの、これを実現するための財政的基盤となると必ずしも盤石とはいえない。すなわち、カナダ州政府の財政悪化を受け、財政問題がどのカレッジにおいても最大の課題となっているからだ。多くのカレッジでは授業料の値上げをもってこの財政難に対応しているが、「カレッジの課題はなにか」と関係者に尋ねると、すべての者が財政問題をあげるほど、かなり深刻な状況にある[4]。では、次にカナダの最大州の一つであるオンタリオ州を事例に、カレッジの現状と課題をみてみよう。

4　オンタリオ州の短期高等教育

1　オンタリオ州の教育制度

オンタリオ州の義務教育は、六～一六歳であるが、高校卒業まで公的支援が続けられる。大学入学にあたって、州内では、第一二学年の履修と同時にオンタリオ・アカデミック・コースを六つ履修することが要件とされている。

これまで行政は、初等中等教育を管轄する教育省と、中等後教育を管轄する訓練・大学省の二つに分かれていたが、一九九九年八月に両者は一本化され、教育・訓練省となった。カレッジの担当もこの教育・訓練省である。

オンタリオ州の中等後教育機関は、大学が一七、四年制大学レベルの教育機関が四、カレッジが二五(うち三つがフランス語で授業を行っているカレッジ)、計四六の公立高等教育機関[5]が州内に設けられている。これに加えて三六五の私立の専門学校・職業訓練学校がある(これらの数値はいずれも一九九六―九七年のもの)(Ontario Ministry of Education and Training 1997: 5)。これらの教育機関が教育・訓練省の管轄下にあるが、この他、保健省や司法省が管轄するカレッジもある。

2　カレッジ誕生

オンタリオ州では、経済、社会、人口動態の変化に対応するために実施された一九六〇年代の教育改革の一環として、工芸・技術カレッジ(CAAT)が一九六五年に誕生した。この工芸・技術カレッジとは、伝統的な学位授与機関でもなく、農業や医療といった特定分野の中等後教育機関でもない、幅広い分野の職業・技術教育を行う新たな教育機関である。

すなわち、工芸・技術カレッジは工業化社会を支える良質な労働力を、州内で育成することを第一目的とする、極めて実践的教育内容を提供する教育機関となっている。と同時に、成人教育の需要にも応じる役割が付加されたのである。

既存の教育機関にこうした役割を付加するのではなく、別途新たな教育機関が設けられた背景には、既存大学の脅威にならないようにしたいという大学長委員会の政治的意図があったといわれる。オンタリオ州はカナダの中では大学の数が一番多いため、カレッジ誕生に反対する勢力が、他州と比してことのほか強かった。現在にいたるまでその勢力争いは続いており、例えば、大学編入学プログラムも公式な制度としては、工芸・技術カレッジには導入されていない。

現在の工芸・技術カレッジには、これまでの中等教育機関卒業生に対する中堅技術者養成のための職業教育機関としての役割とともに、新たなキャリア形成を希望する成人教育や一般教育を希望する成人教育の役割、さらには企業内教育の役割も含まれており、大学編入学プログラムを除けば、いわゆる「コミュニティ・カレッジ」といわれる中等後教育機関の機能とほぼ同様の機能を有している。

3　カレッジの教育プログラム

工芸・技術カレッジが付与する資格は、二～三年のディプロマ、もしくは一年のサティフィケートである。いくつかの分野では、ディプロマ修了サティフィケートというプログラムもある。これら資格を付与するプログラムの設置には、いずれも州政府の認可が必要とされている。

図表6-3　教育内容の分類

項　　目	
ビジネス	広告、ビジネス(会計、管理、人事、情報システム、国際ビジネス、マーケティング)、人的資源経営、国際ビジネス経営、マーケティング経営、管理(管理職、一般、法律、医療)など
保健	救急ケア、歯科補助、歯科衛生、マッサージなど
サービス・観光	シェフ訓練、料理経営、食物栄養経営、ホテル・レストラン管理、ホテル・レストラン経営、観光など
技　術	バイオテクノロジー技術、化学工学技術、化学実験技術、化学製造工学技術、土木技術、コンピュータ技術、コンピュータプログラマー、コンピュータプログラマーアナリスト、コンピュータシステム技術、建設技術、電子工学技術、製造工学技術、機械工学技術、機械技術、調査技術など
ヒューマン・サービス	英語通訳、幼児教育、校正、乳児保育、イベント経営、健康、法律事務、法律安全管理、管理、先住民教育、レクリエーション・レジャーサービス、翻訳、レクリエーション施設経営、社会福祉など
芸　術	放送(ラジオ、テレビ)、グラフィックデザイン、グラフィックデザイン製造、インテリアデザイン、ジャーナリズム(放送、出版)など

出典：Ontario Ministry of Education and Training.

オンタリオ州のカレッジが提供する教育内容は、非常に幅広く、科学技術関係、応用工芸、そして健康科学の分野にまで及んでいる。職業訓練分野の教育のうち、主たるものを、**図表6-3**に示す。この他、基礎修了後プログラムや準備・補習プログラムなども用意されている。

一九九五―九六年度におけるカレッジのフルタイム学生の授業料は、一一〇〇ドルであったが、九六年から各カレッジごとに授業料を設定できるようになり、九七―九八年度のフルタイム学生の授業料は、一二七五～一五三〇ドルとなっている。ただし州政府と事前に「相談」して決めることになっている。

制度的に大学への編入プログラムが存在しないため、カレッジ修了者が大学で学ぶとなると、最低六年(カレッジ二年、大学四年)が必要となる。こうした「時間の無駄」に対し、特に学生からの不満が高まり、個別の大学とカレッジの間(例えば距離的に近い機関など)では協定が締結され、ごく少数ではあるが、カレッジから大学へ編入する学生がでるようになった。しかし特定のプログラムやコースに限定されたものであること、さらに場合によっては、細かな規定がないため、恣意的に単位が認定されたり、認定されなかったりというケースもあるようだ。関係者によれば、全国的な流れからみて、将来はオンタリオ州でも編入プログラムが制度化されるだろうといわれている。

4　カレッジ評価(KPI＝Key performance indicators)システムの導入

オンタリオ州のカレッジ政策の中で現在最もホットなものが、カレッジ評価システムの導入であろう。これは数値化された指標によって、各カレッジを評価する政策である。

カレッジ評価にあたっては、プログラムの目的にそった形でカレッジ運営がなされているか否かによって行うべきだという意見が旧大学省から指摘され、開発されたのがカレッジ評価システムである。この評価システムのポイントは、学生のみならず雇用主にも満足度を尋ねていることで、具体的には、(1)卒業生の就職率と満足度、(2)雇用主の満足度、(3)学生の満足度、(4)卒業率の四指標である。ただし、現在はシステムが導入された直後であり、卒業生の中には調査への協力を拒否する学生もいたことなどから、全学生のデータにはなっていない。今後システムが定着すれば、参加率も増えていくと教育・訓練省では考えている(6)。

カレッジ評価は各プログラムごとに実施されているが、実施を請け負っている調査会社から教育・訓練省にすべてのデータは送付されない。カレッジごとのトータルなデータとなっている。ただし各カレッジにはプログラムごとのデータが報告されており、この結果はカレッジを通じてすべて公開されている。すでに教育・訓練省では補助金決定の際、このカレッジ評価に基づいて査定することを決定している(現在は前述の四指標のうち、「卒業生の就職率」と「卒業生の満足度」および「雇用主の満足度」の結果を査定に用いているが、将来的には全指標を使用するという)。

5　アルゴンキン・カレッジ

アルゴンキン・カレッジは、本部が首都オタワの隣町ネピン(Nepean)にあり(ただし首都オタワの中心部からバスで二〇分の距離)(7)、近隣地域にもキャンパス(計五つ)を有するカレッジである。毎年約四〇〇〇〇人の学生を受け入れ、プログラム数は一〇〇を超えるカレッジで、工芸・技術カレッジの中でも最大規模を有するものの一つである。

1　学生像

統計的データを入手することはできなかったが、フルタイム学生を対象にした一九九七年度秋学期の一年生対象の学生調査結果（調査対象者数四一三六人）からおおよその学生像が把握できる。

学生の年齢構成は、二〇～二四歳が四五％と最も多く、次いで二〇歳以下が二七％、二五～二九歳が一一％となっており、学生の年齢層は一八歳から九〇歳にまで及んでいる。近年、オンタリオでは大学へいっても仕事に就くことのできない学生がカレッジに再度入学してくるケースが増えているといわれ、アルゴンキンの場合、一九九九年度一年生フルタイム学生のうち二〇％が大学卒業生だったという(8)。

性別でみると、男子が四三％、女子が四八％（無回答八％）で、女子が若干だが多くなっている。学生の母語は、英語が九二％、フランス語が一六％、他の言語一四％（無回答二％）で、オタワ市および周辺にキャンパスがある同カレッジの状況を反映した結果になっている。

学生のエスニシティは様々であるが、教師の側は圧倒的に白人が多い。少数民族、女性や障害者に対する積極的差別是正政策プログラム（アファーマティブ・アクション・プログラム）をもってはいないが、教師のエスニック・バックグランドを多様化すべく努力していると、カレッジ当局者はいう(9)。学生向けの奨学金・ローンプログラムは、九四種類あり、約七〇％の学生がローン制度を利用している。

2　管理・運営

現在、毎年州政府からの予算がカットされる状態にあり、これが一つの大きな問題となっている。

連邦政府からの経常的な予算配分といったものはなく、州政府からの予算（補助金）が、歳入に占める割合は約五〇％である。これは経常経費で、必要に応じて資産的経費が別途配分される（新たに校舎を建てる時など）仕組みとなっている。州政府からの予算削減に対応するため、アルゴンキン・カレッジでは、(1)授業料収入の増収、(2)コストの削減、そして(3)教育プログラムのセールスという独自の資金調達の方策が講じられている。最後の「教育プログラムのセールス」とは、企業などへ出向いて社員教育プログラムを売ってくることで、「契約トレーニング」と呼ばれている。

なお、授業料の値上げに関してはオンタリオ政府の認可を受けなければならないが、アルゴンキン・カレッジには政府助成プログラムと非政府助成プログラムの二種類があり、前者については、どのプログラムも均一料金で、この料金決定については州政府の認可が必要とされている。一九九九年度は一学期（semester）当たり七五〇ドル（年間では一五〇〇ドル）である。授業料のほか、プログラムによっては、ユニフォーム代などを学生から徴収している。

一方、非政府助成プログラムについては、州政府の認可が必要なく、各カレッジで決めている。例えば歯科医師がコンピュータ技術の習得を目指し、四週間のソフト関連のプログラムを受講する場合、歯科医師にはディプロマもサティフィケートも不要である。こうしたケースでは独自に、例えば一〇〇〇ドル／四週の授業料を設定することができる。このような非政府助成プログラムは年々増えており、全体の約二五％を占めている。

3　教育内容

職業教育に関してのみいえば、カレッジの教育内容と私立の専門学校や職業訓練学校のそれとの差はほとんどない。実際、アルゴンキンでは、しばしば専門学校で教える一方、カレッジでも教える教師がいる。ただし、アルゴンキン・カレッジが、一〇〇以上のプログラムを提供しているのに対し、職業訓練学校ではごく限られた分野のプログラムしか提供できないといった教育内容の量的・質的な違いがある。さらに最も大きな違いは、授業料の格差にあるといってよいだろう。

4　今後の短期高等教育について

大学とカレッジとの違いは、オンタリオ州でいえば非常に政治的な決定に依拠しているといってよい。一九六〇年代に、大学が職業教育を担うことを拒否したため、工芸・技術カレッジが誕生したこともその一例である。隣国アメリカが充実した短期高等教育の歴史を有しているのに、なぜオンタリオ州ではこうした歴史がなかったのか。これも大学関係者によるロビー活動のためで、大学関係者がすべてをコントロールしたがったからだとカレッジ関係者は言う。

また学位の問題も大きな課題である。国際的にみると、学位を有しているか否かで、教育面でも雇用面でも大きな違いを生むので、カレッジ当局にとっても大きな問題である。オンタリオ州のカレッジも将来は準学士を出すようになるだろうが、この問題はチャーター・認可状の変更を伴うので、そう簡単には実現しないとも指摘されている。

こうした中で、アルゴンキン・カレッジでは、将来のカレッジの役割としては、大学への編入学を確保するというより、むしろ大学の一年、もしくは二年生段階の教育を提供する機関として位置付けた方がよいと考えているようだ。

同カレッジは、構内に職業訓練の場として、旅行代理店、レストランから花屋、車の修理工場まで擁する大規模なカレッジである。しかもオタワ都市圏のなかに位置するという絶好のロケーションのため、就職率もよく、同カレッジへの進学希望者が非常に多い。このため、大学への編入学よりも、職業・技術教育を中心として、成人教育や生涯学習に力点をおく方針が採られている。独自のカリキュラムを充実することで、魅力あるカレッジに発展させているアルゴンキン・カレッジのあり方は、日本でも参考に資する点が多いのではないだろうか。

最後に、カナダ全体のカレッジ教育をまとめると、(1)教育内容面からは、教養教育、一般教育、職業・技術教育をはじめ、移民や留学生対象の語学教育、さらには企業内教育までをカバーしており、実に幅広い分野を提供していること、(2)履修形態からみると、フルタイム学生のみならず、パートタイム学生も多く抱えるなど、受講形態や授業時間に様々な選択肢が用意されていること、(3)取得できる資格は、ディプロマやサティフィケートから、一部の州では準学士を出していること、(4)カレッジの大学編入プログラムで学ぶ者はカレッジの卒業資格を求めず、まさに編入に必要な履修単位のみを学んで、大学へ移っていくことなどが、その特徴となっている。一言でいえば、多様性こそがカナダのカレッジの特徴といってよいだろう。

もちろん、こうした多様なあり方を一つのカレッジですべて提供しているわけではない。実際は、各々のカレッジが所在しているコミュニティの特色を強く意識した形で、教育プログラムが提供されていることにも注意したい。

カレッジは、一律にその役割を規定するのではなく、まさしく高等教育における「ファーストステージ」として、短期高等教育機関が提供しうる教育内容を、多様にかつ充実した形で社会や学生に用意しているといってよい。すなわち、カレッジは、独自の教育内容を深化させることにより、大学とは異なる、その存在意義を明らかにしているともいえる。こうしたカナダの事例は、今後の日本の短大のあり方を考える上でも大いに参考になるのではないだろうか。

注

(1) ケベック州のセジェップは、一九六〇年代のケベック「静かな革命」期に実施された教育改革の一つとして登場した短期高等教育システムである。中等教育が五年以上では長すぎるが、大学進学には不十分であること、大学に一般教育を課すと大学の教育・研究のエネルギーを分散させることになるので大学準備教育機関が必要であること、さらにケベック社会が必要とする中堅技術者養成は中等学校の職業課程では不十分で、大学とは異なる中等後技術教育機関が必要であることなどの理由から、一般教育と職業教育を同一機関に統合、総合制とする短期高等教育機関が設置された。現在、ケベック州の大学進学者は全員セジェップで二年間の一般教育を受けなければならない(小林、一九九四)。

(2) 「授業料無料政策」のため、ケベック州から他州へ進学する学生が非常に少ない。このため他州のカレッジ関係者からは、この「無料政策」によりケベック州のカレッジが閉鎖的になっていると非難されることもある。

(3) 一九九九年九月二八日のインタビュー調査より。

(4) 一九九九年九月から十月にかけて行った現地インタビュー調査の結果から。

(5) 教育・訓練省が管轄する教育機関数である。このほか、農林開発省が管轄する四つの農業技術カレッジや、厚生省が資金をだしている私立の教育機関、さらには医療関係学校などもある。

(6) 一九九九年九月二八日のインタビュー調査より。

(7) Algonquin College本部：Woodroffe Campus, 1385 Woodroffe Avenue, Nepean, ON K2G 1V8, Canada.

(8) 一九九九年九月三十日のインタビュー調査より。

(9) 一九九九年九月三十日のインタビュー調査より。

引用文献(引用順)

・カナダ・州政府教育大臣審議会、一九九八年、『カナダ留学案内』。
・Council of Ministers of Education, 1996a, *The Development of Education: Report of Canada*.
・Association of Universities and Colleges of Canada, 1999, *Trends: The Canadian University in Profile*.
・Council of Ministers of Education, 1996b, *Overview: Postsecondary Education Systems in Canada - 1995 - 96*, vol 1.
・Association of Universities and Colleges of Canada, 1998, *Higher Education in Canada: A tradition of innovation and success*.

・Dennison, John D. ed., 1995, *Challenge and Opportunity: Canada's Community Colleges at the Crossroads*, University of British Columbia Press.
・Statistics Canada, 1998, *Education in Canada 1997,* Ministry of Industry.
・Ontario Ministry of Education and Training, 1997, *An Overview of Postsecondary Education and Training in Ontario.*
・小林順子、一九九四年、『ケベック州の教育』東信堂。

参考文献

欧文文献

・Gallagher, P. and John D. Dennison, 1995, "Canada's Community College System: A Study of Diversity," *Community College Journal of Research and Practice,* 19 (5).
・Ontario Ministry of Education and Training, 1998, *Employment Profile: 1995-96 Graduate of Ontario Coolege of Applied Arts and Technology,* Queen's Printer for Ontario.

邦文文献

・ジョンソン・H（鹿毛基生訳）、一九八四年、『カナダ教育史』学文社。

（溝上智恵子）

第七章　カナダ、ＢＣ州における短期高等教育の多様な展開

1　ブリティッシュ・コロンビア州の概要

ブリティッシュ・コロンビア州（以下、「ＢＣ州」と記す）はカナダの西端に位置する州で、その面積は日本のおよそ二・五倍にも及ぶ広大な州である。にもかかわらず、人口はわずか四〇〇万人である。州民の多くはカナダ第三の大都市バンクーバー市、州都ビクトリア市を含む西南部に集中し、これらの大都市圏だけで全体の六割を占める。周辺部の人口密度は極めて低い。

ＢＣ州は天然資源に恵まれた豊かな地にある。早くから木材産業、パルプ産業、鉱山業、漁業、農業等の資源産業が発達し、若い労働力を必要としてきた。

こうした地理的条件や人口分布、それに産業構造がＢＣ州の政治、経済などあらゆる社会状況に影響を与えてきた。このことは、教育についても例外でない。

まずＢＣ州にとって、その広大な州域の大部分を占める過疎地の隅々まで公教育を普及させるのは当初から非常に困難な課題であった。広い後背地を抱える主要なカレッジが独特な発達の道をたどったのも、州の人口分布と深い関わりが認められる。

また、ＢＣ州はその経済的豊かさと発展の速さの割には、最近まで他のカナダの主要州に比べて高等教育就学率が高くなかった。その背景として、豊富な天然資源に支えられた資源産業が若者を比較的好条件で遇してきた事実がしばしば挙げられる。就労機会に恵まれた多くの若者があえて高学歴への挑戦を必要としなかった。今回の調査で面接した教育関係者は、高等教育への就学率低迷の理由を尋ねると異口同音にこう語った。

さらに、増大し続ける移民の流入も、ＢＣ州の教育に微妙な影響を与えている。先住民族への配慮と多様な移民への対応が、独特なマルチ・カルチャリズムを基本理念とする教育を育んだ。

また、高級官僚や大学の教授など、知識人に、最近の移民(一世)が多いのも特筆すべき事実である。ＢＣ州は、高学歴人材のかなりの部分をイギリスはじめ欧州各国やアジア諸国からの移民に求めてきたのである。高学歴の移民がＢＣに新天地を求めて流入してきた、と表現してもいい。要はＢＣ州が、高学歴者を外から数多く受け入れてきた歴史が州の高等教育の普及を遅らせることとなり、州内の高等教育進学率が高まらなかった。こう分析する識者が少なくない。

一方、近年になって観光・金融などのサービス産業やハイテク産業、それにメディア産業の発展は著しい。あらゆる産業の国際化も急テンポで進んだ。ＢＣ州は伝統的な資源産業に依存した経済から急速に脱皮しつつあり、より高学歴で高い資質を持つ人材や先進技術を身につけた人材を多数必要とするようになってきた。すなわち労働市場の急速な変貌であり、これに対応して教育もまた、その使命を増幅させることが急務になってきたのである。

2　ＢＣ州の高等教育制度

ＢＣ州の高等教育を支えるのは、ほとんど州立の諸機関である。ビジネスカレッジなど、高等教育機関に相当するかと思われる私立学校が皆無ではないが、その全体像はとらえにくい。公的資料も乏しい。本稿では、公立機関に絞って報告対象とする。

ＢＣ州域は甚だ広大であるが人口は少なく、これに対して公立高等教育機関(政府の呼称では「中等後教育機関」〔Post-secondary Institutions〕)が四種類二八校設置されている(**図表7-1**)。学術研究から各種の職業訓練まで非常に広範な分野をカバーし、学科やコースの数は延べ一三〇〇にも及んでいる。

1　カレッジ(College)

短期高等教育機関の代表的なもので、就学期間は二年以内。職業訓練、実務教育、技術教育、商業教育等の多彩なコースをもつほか、アカデミックな学習コースもある。コースの修了時には所定の資格、ディプロマ、あるいは準学士(Associate Degree)が授与される。設置都市・地域のニーズによって実に多様なカレッジ教育がみられる。

2　ユニバーシティ・カレッジ(University College)

ＢＣ州独特の高等教育機関である。基本的にはカレッジの機能をもち、各種の資格、ディプロマ、あるいは準学士を提供しているが、特定の分野については学士課程をも併せ持っているのが特徴である。

3　インスティテュート(Institute)

短期から四年課程まで、コースによって各種資格や学位が授与されるが、もっぱら特定の実務に就くための訓練、各種スペシャリストの養成を目的として設置されている。

例えば、B.C. Institute of Technology（ＢＣＩＴ）は、カナダ有数の先進工業教育機関であり、電気・電子工学、健康科学、コンピュータ分野でのレベルは高く評価されている。Emily Carr Institute of Art & Design では、その名の通り美術、メディア芸術、それにデザインの分野に特化しており、四年間の学士課程をもつ。スタジオ実習中心のプロ教育を特色とし、入学難易度はかなり高いとされている。Justice Institute of British Columbia は一層特殊な学校である。様々な法執行の仕事や公共安全に関わる仕事に就く訓練を主目的としている。法廷吏の業務、銃撃戦、暴動鎮圧、救急医療、危機管理等、非常に広範な四〇〇以上のコースを提供している。

図表７－１　高等教育の種類と数

種　別	学校数
College	11
University College	5
Institues	5
Universities	7
合　計	28

図表７-２　学生数

種　別	フルタイム	パートタイム	合　計
College	15,781	18,215	33,996
University College	14,438	13,942	28,380
Institues	5,131	21,734	26,865
Universities	46,134	21,871	68,005
合　計	81,484	75,762	157,246

注：'95/'96 職業訓練生除く。

図表７-３　課程分類別学生数

種　別	アカデミック	技術・実務
College+U-C	43,456	18,920
Institues	9,048	17,817
Universities	68,005	0
合　計	120,509	36,737

注：'95/'96 職業訓練生除く。

4　大学(University)

大学について説明の要はなかろうが、ＢＣ州では学位を授与する課程と平行して、特定の専門分野において一年間でサティフィケート(Certificate)、二年間でディプロマ(Diploma)を発行することがある。

このように、ＢＣ州には性格の異なる高等教育機関が混在している。これらのうち明確に短期高等教育機関といえるのはカレッジだが、ユニバーシティ・カレッジもインスティテュートも短期高等教育に相当する課程やプログラムを運営している点に注目しなければならない。

高等教育機関に学ぶ学生数は年々増加している。一九九六年の州統計によると、多様な課程における学生のうち、職業訓練コース以

プログラム別在籍学生数　'95/'96

ＡＢＥプログラム	技術・実務プログラム	合　計
7,369（11.8%）	18,920（30.3%）	62,376（100%）
1,979（ 7.4%）	17,817（66.3%）	26,865（100%）
2,389（ 6.8%）	16,239（45.9%）	35,350（100%）
6,959（12.9%）	20,498（38.0%）	53,891（100%）

ーのコース）の略称。


外の学生総数は一五万人を超える（図表7-2）。

学校種別に見ると大学が最も多く全体の四三%を占める。次にカレッジの二二%が続く（図表7-3）。フルタイム学生に限ると大学生が過半数を占めている。

フルタイム学生とパートタイム学生のバランスをみてみると、インスティテュートにおけるパートタイマーの多さが目立つ。八割超がパートタイム学生である。

一方、教育課程をアカデミックな課程と技術・実務教育の課程とに分類してそれぞれの学生数を比較してみると、学校種別の特色がより鮮明にみえてくる。大学の学生は当然すべてアカデミック・コースである。カレッジとユニバーシティ・カレッジでは約七割がアカデミック・コース、三割が技術・実務のコースに学んでいる。逆にインスティテュートでは大部分の学生が技術・実務のコースに在籍している。

短期高等教育課程の多いカレッジとインスティテュートに在籍する学生を専攻プログラム別に分析すると次のようになる（図表7-4）。

カレッジとユニバーシティ・カレッジでは大学編入プログラムが多く、後者の学士課程在籍者を含めると六割近くになる。インスティテュートでは逆に

図表７−４　短期高等教育機関の

	大学編入プログラム	Ｕ−Ｃプログラム
C ollege+U−C	33,054（53.0%）	3,033（4.9%）
Institute	7,069（26.3%）	0（0.0%）
フルタイム学生	14,664（41.5%）	2,058（5.8%）
パートタイム学生	25,459（47.2%）	975（1.8%）

注：ABE は Adult Basic Education（成人のための基礎リテラシ

技術・実務プログラムの学生が六割超を占める。

フルタイム学生とパートタイム学生の傾向をみると、ユニバーシティ・カレッジを除いて全体にパートタイム学生が多い。特にＡＢＥという略称で呼ばれる成人のための基礎リテラシーを学ぶ学生には、パートタイム学生が三分の二を占めている。

３　カレッジ――典型的な短期高等教育機関

１　沿革と設置目的

ＢＣ州における中等後教育は一九六〇年初頭まで非常に小規模であった。大学は一九〇八年創設のブリティッシュ・コロンビア大学（ＵＢＣ）一校であった。もっともブリティッシュ・コロンビア大学は第二次大戦後の退役軍人の大量入学をきっかけとして、カナダ有数の大規模かつ高評価の大学に成長していた。

カレッジの原型となる中等後学校は各地に設けられていたが、ほぼすべてが職業訓練校であった。これらの学校とブリティッシュ・コロンビア大学を合わせても、当時の州民の約八％が就学したにすぎなかった。

状況は一九六〇年代中ほどに一変した。直接の契機となったのは時のブリティッシュ・コロンビア大学学長が大学制度の緊急拡充の必要性を訴えて一九六二年にまとめた、いわゆるマクドナルド・レポートであった。増大する人口、発展の著しい産業に対応して、高学歴者をより多く確実に養成することが急務であるとしたものである。州政府は直ちにその趣旨を採択し、翌一九六三年にバンクーバー地区での新大学の設置と、ビクトリア市内のブリティッシュ・コロンビア大学キャンパスの新大学への移行を決定している。

三大学体制になって学生数は急速に膨らんだが、それでも極めて広大な州域の内、人口が集中する上記両地域以外では質の高い高等教育や各種実務教育の機会が乏しく、経済発展や産業の振興に伴って増大する州民の教育ニーズに十分応えられる状況ではなかった。そこで政府の採った施策が、州立カレッジ制度の拡大・充実策であった。

各地のカレッジの創設に関し、州政府による中央集権的リーダーシップが発揮されるとともに、施設・設備の取得や初期運営費に用いた州予算は莫大なものであった。カレッジはこれと引き換えに広範な使命を与えられた。各カレッジは貢献すべき地域の範囲を指定され、それぞれのコミュニティのニーズを汲みとって実務教育、職業訓練、成人教育、それに大学の学士課程の前半一・二年に相当する課程や科目の設置など、非常に多様な路線を並行してこなすことが使命となっていった。いわゆるカリフォルニア・モデルのコミュニティ・カレッジへの転換であったといえる。

こうしてカレッジは、一九六〇年代後半から七〇年代後半にかけて多く新設され、人口集中地域だけでなく州域全体に広く分布するようになった。その後も規模は拡大を続け、現在では一一校、三万人以上（職業訓練生を除く）が就学する学校制度に成長している。

カレッジ・インスティテュート法（College & Institute Act）は、その第三章第六条でカレッジの設置目的を、広範で総合的な(a)学士課程の一・二年科目、(b)中等後教育・訓練、(c)生涯教育、の機会を提供することと定めている。(b)に規定する「中等後教育・訓練」の定義が部外者にはわかりにくいが、今回面談した州政府のカレッジ担当理事官は、これを幅広いリテラシー教育と実務教育・職業訓練であると説明した。実際にカレッジでこれらの領域の充実がめざましい。

個別のカレッジをみてみると、すべてのカレッジがこれら三つの目的を等しく扱っているとは限らない。貢献すべきコミュニティの需要に応じて、力の入れ方はまちまちである。例えば、州の最大都市バンクーバーに二つのカレッジがあるが、一方は職業訓練にほぼ全力を傾け、大学編入科目は皆無に近い。他方は、七五％の学生が大学編入プログラムを履修している。

また、一口に実務教育・職業訓練といっても、まちまちである。カレッジはその設置の趣旨や経緯からして、地域の産業構造や経済状態を強く反映していることが容易に想像できよう。

2　キャンパスと教育内容

ＢＣ州のカレッジは、通常われわれが想像するこじんまりしたカレッジとは趣きが違う。

まず、ほとんどのカレッジが複数のキャンパスを擁している。七校のカレッジは三つ以上のキャンパスをもっている。しかも大都市中心部にあるカレッジを除き、学生数からは想像できぬほど大きなキャンパスと多くの施設・設備を抱えており、経営規模は極めて大きいといえる。

広域貢献を使命とされたカレッジでは、特に多くのキャンパスを擁する大規模なものがある。この傾向は後発のカレッジに特に強く、北部の周辺部の三校がぬきんでている。

中でも約三〇万平方キロメートル(日本全土が約三七万平方キロ)もの最大地域を割り振られたノーザン・ライツ・カレッジ(Northern Lights College)は、八カ所のキャンパスと八カ所の学習センターを運営している。ノース・アイランド・カレッジ(North Island College)も四キャンパスに加えて一三の学習センターをもち、ノースウエスト・カレッジ(Northwest College)では六キャンパス、四学習センター体制で運営されている。

次に、教育内容の多様さにも目を見張らせられる。開講講座や課程あるいは単独の科目などの多さが特徴となっている。これらは、三つの領域に分類してみることができる。

第一に、大学の学士課程前半に相当する課程・科目群が豊富である。わが国の短大教育に最も類似した課程であるといえる。人文科学、社会科学、自然科学に属する学科の他に学際的な学科まで範囲が広い点も日本の短大に似ている。ただ、大学編入には必ずしも二年課程の修了や準学士(Associate Degree)が必要ではないために、教養科目を多数置いて編入先の幅を広げる方針を採るカレッジがある反面、特定の専門分野において二年完結的な課程を展開し、準学士を授与するのを主目的にするとともに後述するブロック・トランスファーを売り物にするカレッジもある。

第二に、多様な職業分野のための基礎教養や実務教育、あるいは実技訓練課程が豊富である。多くのカレッジにみられる典型例としては、コンピュータ活用講座、簿記・会計などのビジネス・スキル育成のコース、商業実務やセールス訓練、理容・美容資格コース、調理技術者育成、それに自動車メカニックなどに代表されるエンジニア・工業技術訓練などが挙げられる。こうした一般的な分野のほかに、地域性を色濃く反映したコースもみうけられる。

例えばロッキー・カレッジ(College of the Rockies)はその名の通りＢＣ州東端のロッキー山脈に近いカレッジであるが、他の地域のカレッジにはみられないユニークなコースを開設している。ライフスタイル管理、スポーツ経営、山岳活動、アドベンチャー・ツーリズム、園芸、イベント・マネージメント、観光、ホスピタリティなどのコースである。また、セルカーク・カレッジ(Selkirk College)は広大な内陸部にあるカレッジだが、航空技術、スキーリゾート経営、ゴルフ場経営、医療事務等のコースを運営している。バンクーバー・コミュニティ・カレッジ(Vancouver Community College)では実に多種多様な職業訓練コースを擁するが、大都会のカレッジらしく健康ビジネス経営などの今日的ビジネスに関したコースが多い。

第三の領域は生涯学習だが、ここでは単位が付与されないプログラムが多い。職業分野のスキルアップを目指した実務・実技教育は第二の領域と同様多彩であるが、他にも非常にユニークなプログラムがみられる。識字能力の不充分な成人のためのリーディング・ライティング・コース、先住民族に対する市民教養教育、教育機会に恵まれなかった各種障害者への教養教育、高校教育を修了していない成人のための高校メイクアップ講座、基本的リテラシー中心の高等教育準備講座などの展開がそれである。こうした講座を通して地域住民の教育水準の引き上げやリテラシー向上、そしてカレッジ自身の正規課程への入学準備を含めた中等後教育への準備教育を用意している。大都市圏では新着移民や外国人のための英語教育(ESL)プログラムが充実している。

こうして、設置する課程やプログラムが豊富で多様であること、地域性を色濃く反映して特色ある教育内容を誇っていることが、カレッジの特色といえる。

3　大学編入学とトランスファー制度

BC州の高等教育制度の際立った特色に、柔軟な編入学制度が挙げられる。とりわけ短期高等教育機関から大学などの学士課程への編入学の仕組みがシステマチックに完備されていることと、編入後の既修得単位認定が予め詳細にわたって公表されていることは特記に値する。

これは州政府の積極的関与の下で進められた一九八〇年代の中等後教育拡充策の一環として実現されたものである。当時州政府は、中等後教育への州民のアクセスを一層充実させることを重点政策としていた。そのために必要な検討を進めるために設置した州の委員会(Provincial Access Committee)は、障害者の就学率向上を促すこと、教育機関間相互の学生の移動をより柔軟に認めることによって州民の学習機会を増大するとともに地域格差の解消を図ること、などを勧告した。後者の具体的実現方策として一九八九年に新たに設置されたのがBC州入学・編入学協議会(British

Columbia Council on Admissions & Transfer)である。

この協議会は、二〇人前後の委員によって構成される独立機関であり、傘下にプログラム検討専門委員会や各校連絡員を置く全州横断的な組織である。各校の開設科目を詳細に比較検討し、内容的に類似し難易度においてちかい科目を幅広く相互に認定し合う作業を、精力的に続けている。

その成果は定期的に刊行物として公表され、学生の学習計画にとって重要な参考材料として、とりわけ大学などに編入学を希望する学生に重用されている。この本は州内のすべてのカレッジ、ユニバーシティ・カレッジ、インスティテュートの開講科目のうち、アカデミック科目と目される科目すべてを網羅するので、非常に分厚いものになる。ちなみに筆者の手元にある最新版の公式ガイドブック *British Columbia Transfer Guide 1999 - 2000* は、A四版で四一六ページにも及ぶが、同じ内容がインターネット上でも閲覧できるようになっている。

具体的には、カレッジなど編入元の一つひとつの科目を縦軸に一定の順に並べ、それぞれの科目について、横軸に並べた編入先大学または編入先ユニバーシティ・カレッジの何という科目に相当するとして認定されているかを表示している。例えば、キャピラノ・カレッジ(Capilano College)の「日本語一〇〇」という三単位科目は、A大学では「日本語一一〇」三単位として認定される。B大学では「人文学」三単位と認定される。ブリティッシュ・コロンビア大学の日本語科目は六単位科目なのでキャピラノの「日本語一〇一」も併せて取得することによってブリティッシュ・コロンビア大学の「日本語一〇二」が認定される。D大学では一般教育科目三単位取得と認定される。以下、この科目はすべての大学、ユニバーシティ・カレッジで何らかの科目として認定される。しかし、特殊な科目、例えばこのカレッジの持ち味を活かした「ジャズ」の二八科目を認定する大学はただの一校であることが記されている。

文章にするとわかり難いだろうが、実際には明確なチャートによって科目名と単位数が表示されており、まず間違えることはない。ただ、全てのアカデミック科目について表示されているので、キャピラノのように大学編入に注力し、アカデミック科目が多いカレッジは延々七六ページもチャートが続く。逆に、職業訓練を重視するカレッジはページ数も少なく空白が多い。

以上は、個別の科目についての認定措置(トランスファー)である。実際の大学など編入には必ずしも二年課程の修了や準学士を条件としていない。学生は一年間だけで習得した単位のいくばくかを携えて編入することも可能である。しかも、トランスファーする科目は体系的な科目群である必要はなく、ばらばらでよい。例にあげたキャピラノ・カレッジは学生の圧倒的多数が大学編入希望学生であり、実際に編入していく。それでも準学士を取得していく学生は毎年ほんの数名であるという。編入学生にとって必要なのは単位であって、準学士ではないのである。

これに対して、個別の科目認定ではなく、あるまとまった体系的な課程やコースの取得単位を一括して認定する制度が、ブロック・トランスファー(block transfer)である。

例えば、キャピラノで経営学の二年間のディプロマ課程を修了した者は、A大学において商学の学士課程で六〇単位まで認定される。幼児教育の一年間サティフィケート課程を終えると一五単位が、二年間ディプロマ課程を終えると三〇単位がB大学の保育学の学士課程で認定される。

このようなブロック・トランスファーは、カレッジなどと大学などの個別協議を経て協定にいたる。必ずしもカレッジの二年間標準単位が学士課程でも二年間標準単位数として認められるとは限らない。あくまでも個別の課程同士の詳細な吟味によって定められることになっている。

こうして、BC州内での大学編入時の単位認定は非常に明確に定められており、しかも学校間の移動を容易にして学習機会の拡充を期す、というはっきりした目標の下に整然と行われているのが大きな特徴となっている。

4　事例紹介

バンクーバー・コミュニティ・カレッジ(Vancouver Community College, 以下「VCC」と称す)はバンクーバー市の中心部にあり、おそらくBC州のカレッジの内で最も都会的な雰囲気を有するカレッジであろう。周囲をビルで囲まれたダウンタウンの一角に大きな高層ビルの校舎をもち、校庭や、グラウンド、緑地帯といった普通のキャンパスを構成する施設も構築物もない。七〇〇〇人を超す教員が勤め、このうち専任教員が約四七〇人を占めている。大規模校といえる。

キャピラノ・カレッジ(Capilano College, 以下「CapC」と称す)だが、バンクーバー市と広い入り江を挟んで隣接する、ノース・バンクーバー市の丘陵地帯に比較的ゆったりしたキャンパスを擁している。学生数は約一万四〇〇〇人、その約半数が単位の付与される課程に学んでいる。

同じバンクーバー大都市圏内にある両校だが、展開する主要プログラムは全く異なる。

ＶＣＣは、職業教育と生涯教育に特化したカレッジといえる。取り上げている職種は、サービス産業、商業、工業の各分野にわたって実に多種多様である。どのコースも授業の三分の一を理論的学習に、三分の二を実技・実習に当てているという。カレッジ直営の店舗や工場で実習するのが特徴である。こうした目的のために経営しているのは、レストラン、軽食ショップ、肉屋、総菜屋、パン屋、美容院、自動車修理工場などであり、一般市民を顧客としている。

生涯教育についてもパートタイムの科目を年間で延べ一二〇〇科目開講し、実に多様なプログラムを提供している。その範囲は、わが国のカルチャーセンター的な美術の科目から最新のコンピュータ技術、ＥＳＬ教員養成、カウンセリング技術、幼児教育、看護、健康管理にいたるまで大変広い。募金活動管理というユニークな講座も開設している。

また、生涯教育の一環としての成人基礎教育プログラムも注目に値する。中学や高校教育を修了していない成人向けのリテラシーと基礎教養プログラムである。本人の希望と学力診断に基づき、個別化した内容・進度の授業を、本人の都合に合わせた昼夜開講制で進めている。

こうしてＶＣＣは法定の設置目的の内、実務教育・職業訓練に最も力を注ぎ、次に生涯教育を重視している。これがコミュニティのニーズであり、このカレッジに期待するものなのである。

一方のＣａｐＣの実務教育・職業訓練課程はＶＣＣほど広範ではない。工業系のコースと飲食や美容などのサービス産業系のコースは皆無である。かわってここの特色は、ジャズや音楽療法などの音楽分野、デザインやアニメ制作、舞台芸術などの芸術分野、情報処理やオンライン出版などのコンピュータ活用分野、それにマーケティングや会計、金融、経営管理などの商業分野である。

ＣａｐＣでは、ＶＣＣでほとんどみられない準学士課程、大学トランスファー科目が充実している。すでに述べたようにアカデミック科目の豊富さに支えられ、大学から認定される科目が非常に多い。人文科学系の課程や科目が大半を占めている。

結局ＣａｐＣは法定の設置目的のうち、大学学士課程の一・二年科目の提供を重視しているといえる。設立当初から今にいたるまでこれが変わらぬ地域のニーズであり、主目的だという。

力点の置き方の違う両カレッジは、したがって学生層もだいぶ違う。ＶＣＣの学生にとって、職業を身につけること、あるいは実務的スキルアップが就学の目的であり、大学編入を目指す学生は全くいないという。学生の平均年齢も二七歳と高い。

他方ＣａｐＣの学生は約半数が始めから大学編入を目指し、高校卒業後すぐに入学してくる。一年後に編入を果たすものが多く、準学士を取得するまで留まる学生は毎年ほんの数名であるという。こうしたことから学生の大部分は一八歳から二一歳と若い。

こうして、たった二校を比べただけでＢＣ州のカレッジの多様性に気づく。地方や周辺部のカレッジをも加えると、相互にユニークである事実がより具体的に、より鮮明にみえてくるに違いない。

4　ユニバーシティ・カレッジ――新タイプの高等教育機関

1　設置の経緯

ユニバーシティ・カレッジ(University College)はその名の通り、大学の機能の一部とカレッジの機能とを併せ持つBC州独特の高等教育機関である。カレッジ・インスティテュート法(College & Institute Act)は、その第三章第七条でユニバーシティ・カレッジの設置目的を、広範で総合的な(a)学士課程、(b)中等後教育・訓練、(c)生涯教育、の機会を提供することと定めている。(a)の部分がカレッジについて定めた第六条と異なる。すなわち通常のカレッジの諸課程のほかに、学士課程をも併せ持つわけである。

ユニバーシティ・カレッジ制度発足の経緯をたどってみよう。

一九六〇年代後半から七〇年代中頃にかけてBC州が急速にカレッジ制度を整備し、拡充していったことについてはすでに記した。七〇年代を通して大学もカレッジも学生数の増加は著しく、政府は多額の予算をこれら教育機関の新キャンパス開設、校舎の新増築、施設・設備の取得、そして運営費の増額などに投入し、この時期にBC州の中等後教育制度はカナダ有数のレベルまで到達したとされる。

それでも学生数の増加を上回るペースで人口が増加し続けたために、高卒後の進学率は七〇年代末でさえ各州の平均値より低かった。増大する大学卒業勤労者や専門職のポジションは、州内からの供給では追いつかずに、他州や外国からの高学歴人材の導入に頼る状況であった。

続く八〇年代前半、ＢＣは戦後最悪の不景気に襲われる。政府の歳入は激減し、ほぼ五年間にわたって教育予算の容赦ない切り詰めを余儀なくされた。とりわけ中等後教育予算の後退は著しかった。皮肉なことにこの時期、労働市場の緩みは市場に高学歴者を求める傾向を促進し、学歴別の失業率格差が顕著となった。大卒者五％、高卒者一四％、中卒者一七％と記録されている。厳しさに直面し、親も高校も若者に進学を強く促すようになり、進学希望者は急増することとなった。

一方、政府の予算削減に対して各大学、カレッジなどでは様々な消極的対応策を採らざるを得なくなった。学費値上げ、大人数クラス化、学生支援サービスの低下、施設維持費の削減、図書予算の削減、新増築の凍結、そして受入れ学生数の制限などが一例である。結果として、教育条件の低下と進学断念者の続出が大きな社会問題、政治問題にまで発展することとなった。

政府は景気が回復に向った八〇年代末に再び中等後教育の普及を重点政策に取り上げ、その戦略的振興策を建議させるために特別委員会を発足させた。この委員会(Provincial Access Committee)はその下に地域委員会を八委員会設け、精力的に調査を実施し、公聴会を開き、州内全域の状況把握と要望の汲み上げに努めた。最終報告書が一九八八年にまとめられ、公表されている。

この中で委員会は、ＢＣ州の高卒後進学率はカナダの全州平均よりかなり低く、また、周辺地域や先住民にとって中等後教育の機会は乏しいと指摘し、学位取得の課程だけでも一万五〇〇〇人の定員増が必要であり、これを含めた就学機会の拡充が焦眉の急である、と勧告した。

この「アクセス・レポート」は具体的な施策についても数々の提言をしており、後のBCの高等教育政策に多大な影響を与えている。例えば北部小都市での州立大学の新設、前述した入学・編入学協議会の設置、カレッジに準学士授与権を与えること、などが直ちに実行に移されている。

しかし最も画期的な提言は、ユニバーシティ・カレッジ制度の創設である。報告書は、既に総合大学を有するバンクーバー、ビクトリアの両大都市圏以外の中規模人口集中地域に、「上級レベルカレッジとしての『ユニバーシティ・カレッジ』を設立することによって」大学学位プログラムを拡充すべきであるとしている。具体的には四地域のコミュニティ・カレッジ四校を指定し、これらに学位授与権を与えることによって新機関の創設が可能であるとした。この新制度によって、意欲ある学生の学習機会は格段に増大し、しかも学生が自宅通学によって学士を取得できる範囲が広がり、経済的負担が大きく改善され、州が必要とする高学歴者の大量養成が可能になるとした。

政府はこの提言を全面的に採り入れた。レポートに基づいて策定した「全州民の機会増大政策」(Access for All Initiative)の重要な施策として、一九八九年、BC州に全く新しい高等教育機関が誕生することとなった。

2　学士課程の発展

ユニバーシティ・カレッジは、アクセス委員会の勧告した地域にさらに一地域を追加して設置されたので、五校が独特な制度の運営に当たることとなった。

ただ、当初はいずれも独自の学位授与権を与えられていなかった。学位授与にふさわしい教育水準を確保するために既設大学との提携を義務づけられ、教育課程の編成から担当教員の任命にいたるまで、提携大学との綿密な協議と承認を条件とされた。しかも学位は、提携大学の名において授与されることになっていた。

例えば、マラスピーナ・ユニバーシティ・カレッジ(Malaspina University-College)の場合、州都ビクトリア市に比較的近いところから、ビクトリア大学(University of Victoria)との提携を選択した。その監督の下で初等教育教員養成の学士課程からスタートを切っている。筆者はたまたま姉妹大学を代表して第一回学位授与式で祝辞を述べる機会を得たが、学位は厳かな英国風儀式にのっとり、膝まづいて首を垂れる学生一人ひとりに、ビクトリア大学総長が授与していた。

六年後の一九九五年に、ユニバーシティ・カレッジは提携大学の指導を離れ、独自の学位授与権を付与された。大学の要素とカレッジの要素とを採り入れた新たな中等後教育機関の創造へ向けて、本格的に歩み始めたことになる。それは同時に、大学を唯一の学位授与機関と定めて伝統的な学術中心の学士課程を堅持していたカナダの高等教育界に、大きな一石を投じる決定であった。その際、州政府はユニバーシティ・カレッジで授与される学位は、諸学問の応用分野に特化するよう規定している。既存の大学の伝統的・学術的学位との差異を明確にするための措置であった。

制度創設からこの一〇年で、ユニバーシティ・カレッジは大規模化した。予算措置されたフルタイム学生定員は当初の一万五〇〇〇人から次第に増員され、一九九九年には二万八〇〇〇人に達している。実在学者数はそれを上回るのでほぼ倍増したことになる。一九九〇年代初頭は学士課程の増員が中心となり、中頃からは学士課程と一・二年間の短期課程の均衡をとりながら増員がなされていったという。

それでも九〇年代を通しての規模拡大の特徴は、やはり学士課程の拡充である。ユニバーシティ・カレッジの増員分だけで、他の小・中規模の州の定員を上回っているとされる。

3 新たな教育機関の特徴

ユニバーシティ・カレッジをみるとき、その学士課程だけを強調するのは正確さに欠ける。ユニバーシティ・カレッジはあくまでもコミュニティ・カレッジとしての強固な地盤と実績を有し、上述したような多様な職業訓練、実務教育などの資格取得コース、成人リテラシー教育、生涯教育の短期課程や講座、そして準学士課程を併設して地域に貢献するカレッジの特性を堅持している。したがって今なお、基本的には地域密着型の教育機関である。その上で、学位授与機関としての役割を付与されたことによって、貢献先をリージョナルからナショナルへ、さらにインターナショナルへと広げつつある全く新しいタイプの教育機関であるといえる。これがユニバーシティ・カレッジの最も基本的特徴である。その他の特徴にも言及してみたい。

まずカレッジ・プログラムで学ぶ学生をみると、一般的なカレッジとあまり変わった様子がない。

実に多様な社会的、文化的、経済的なバックグラウンドを有する学生である。五校の平均学生年齢は二〇代後半といわれている。

一方、学士課程の学生像は大学のそれと異なる。カナダでは、平均以上の収入に支えられた家庭出身の一八歳から二四歳の若者が圧倒的多数を占める、というのが旧来の大学生の姿であった。各州はこの状況を改善する戦略を長期的に採ってきたが、それでも女子進学者の急増以外には過去四半世紀みるべき変化は無かったといわれる。九八年の調査でも、学士課程在学者の八三％がこの若年層であったとされる。ところが、ユニバーシティ・カレッジの学士課程学生に関しては、約半数が二五歳以上であり、大部分が平均より低所得の家庭出身者であるという。ユニバーシティ・カレッジは学位取得の機会をより広い住民層にまで拡大したといえるかもしれない。

次にユニバーシティ・カレッジは、学位取得の機会のみならず学位そのものの幅を広めている。高等教育の活性化を図るためにより多様な分野での学位を創設することも、実はユニバーシティ・カレッジ制度創設の目的の一つであった。ユニバーシティ・カレッジ各校は諸学問の応用分野での学位創造という課題に応えるとともに、従来は学士課程につながりにくかった実学的な二年課程との接続に留意して、旧来の大学にはなかった新たな学位を創っていった。高等教育省によると一九九九年現在、五校の学士課程は申請中のものを含めて一六一課程にまで膨らんでいるという。

第三に、コミュニティ・カレッジからユニバーシティ・カレッジに転換したことによって、編入学をめぐるポジションに変化をきたし、より多様なプログラムを模索するようになった。学生の大学などへの編入学に関して、コミュニティ・カレッジは基本的に基礎教育部分を担当して送り出す側の役割を担っている。大学はおおむね受入れと大学間移動を視野において運営される。これに対してユニバーシティ・カレッジは送り出しと受け入れ双方の役割を併せ持つことになり、期待されるプログラムもその分多様にならざるを得ない。またその分だけ財政的課題を抱えることとなった。

第四に、求められる教員像が、大学ともカレッジとも違う。とりわけ教員の研究活動に関してである。伝統的な大学では教員の学術研究が何よりも重視されてきた。カレッジでは教育経験あるいは担当分野における実務経験が重視され、学術研究は採用条件にならないし、教員の義務でもないのが通例である。これに対して学位授与機関となったユニバーシティ・カレッジでは、教員の義務は明確に教育の上に置きながらも、研究活動にも一定の理解を示し、カレッジよりも授業時数を軽減することによって研究を支援するなどの措置をとっている。

さらに、大学とカレッジの経営手法の違いに対して、ユニバーシティ・カレッジは双方のバランスを取るように運営されている。伝統的な大学は主として有力教授からなる大学評議会(senate)による自治が基本であるが、この経営手法はカレッジをベースに発展したユニバーシティ・カレッジにはなじまない。教育・研究に重きを置いた経営方針を採りながらも、カレッジと同様に理事会(board)と教育評議会(education council)が地域に密着した経営を行っている。

こうして、ユニバーシティ・カレッジは一〇年間の実績を固めながら、旧来の大学ともカレッジとも異なる独自の特色を帯びつつある。しかし、ではユニバーシティ・カレッジのアイデンティティは明確になったか、その評価は定まったか、となると必ずしも判然としない。ユニバーシティ・カレッジ五校の学長によって一九九八年に組織された「ＢＣユニバーシティ・カレッジ・コンソーシアム」においても独自路線の開拓と地位向上は継続的課題とされている。

４　評価と課題

ユニバーシティ・カレッジの評価はまだ定まらないとはいうものの、一九八九年の創設以来その新しい学位制度の是非や実際の内容について、論評や分析が断片的になされてきた。

数少ない総合的な点検・評価の文献として注目されているものにペッチによる「ユニバーシティ・カレッジにおける学位プログラム――ＢＣのサクセス・ストーリー」(*Degree Programs at the University Colleges: A British Columbia Success Story*)がある(Howard 1998)。

通称「ペッチ・レポート」と呼ばれる報告書は、ユニバーシティ・カレッジ・コンソーシアムの依頼によって一九九八年に行われた一種の第三者点検・評価の報告書である。主としてユニバーシティ・カレッジ制度創設と学士課程導入の成果、および学士課程を支えるインフラの整備状況についての点検・評価であり、五校すべてを対象にしている。一連の調査は、定量的調査ではなく文献調査、面接調査、施設視察によってなされた。評価結果の概要を記してみる。以下、ユニバーシティ・カレッジをＵ－Ｃと略す。

発足以来短い年月にもかかわらず、Ｕ－Ｃは驚異的発展をとげている。キャンパスの設置や建築などの投資は活発であるし、アカデミックな学士課程とプロフェッショナルな学士課程ともに広範なプログラムを展開しており、優秀な教員を招聘している。しかし、U・Cは新しいタイプの機関であり、急速な発展途上にあることから、長所とともに弱点をも抱えている。また、幾多の問題も提起されており、制度の永続的発展と投下資本の有効活用のために解決すべき課題も多い。

U・Cの学士課程は、基本的にカナダの基準を満たし、教員のレベルも高い。提携大学指導型で大学直輸入の課程から発足したのは、社会的認知を得るのに好都合だった。もっとも、旧来の大学主導では先進的な試みを妨げたのではないか、また、資格取得を伴う学士課程を重点的に採用したので州や連邦の規制が多く、自由度が狭められたのではないか、という批判もある。

にもかかわらず、最初はその方が学生に受け入れられやすかった、という利点があった。それに、内容は一見すると伝統的だが、よくみると地域の特性が認められ、より応用的・実学的であった。マラスピーナU・Cの人類学プログラムはその好例で、非常に応用色が強い。一九九五年にU・Cが学位授与権を獲得してから、より革新的なプログラムが出現し、地域色を強めていった。

資格取得を伴う学士課程の発展は驚異的である。通常の大学では学術中心であり資格取得は二の次であるが、U・Cでは制度発足以来急速に資格取得課程が充実していった。今日その範囲は、看護、社会活動、経営管理、初等教育教員養成、保育学、成人教育、航空産業経営、などに広まっている。

これに比して、伝統的な文系学士(BA)や理系学士(BS)の課程は範囲が狭い。中では低コストの文系課程が比較的多く、最も後発のクワントレンU・C(Kwantlen University College)を除き全てのU・Cに設置されている。理系では林業、農業、養殖産業、漁業、資源管理などの人材需要を反映してわずかに生物学やその応用科学の課程がみられる。その他の自然科学の分野については、オカナガンU・C(Okanagan University College)を除き発展していない。

学生の満足度は高いといえる。まず教育の質に満足度が高く、大学などの他の中等後教育機関に在学した経験者が特にU・Cを好ましいとしている。特に少人数制、師弟間の親密感・交流をよしとしている。さらに学生は、U・C制度による学士課程の機会拡大に好感をもっている。U・Cが無かったら家族の経済的犠牲か進学断念かの選択に悩んだろうとする学生が多かった。

それでも不満は残る。図書、機器、学生サービスの不足を指摘する声があるし、最大の不満は厚生施設が無いことである。U・Cには教室以外の大学生活が欠けている、という批判もある。

研究の充実はU・Cの責務の一つである。授業責任の軽減措置などによっていずれのU・Cも教員の研究を後押ししている点が評価できる。ただ、後発の二校を除き、先進三校について研究条件や研究の履行状況を比較する指標を用いても、研究の量的・質的比較をするのは難しい。各校が独自の路線を進んでいるからであるが、それでも三校とも①研究プログラムは良好であり、②公的助成金を受ける機会は多く、③研究成果の出版など公開機会も多い。カリブーU・C(University College of the Cariboo)には特定分野に優れた教員が多く、カナダ有数の高名な研究紀要を出版している。マラスピーナU・Cでは漁業、水産分野での研究水準が高い。オカナガンU・Cでは多方面に優れている。概してU・Cの研究面での発展は評価に値するということができる。U-Cの優れた面として、強い地域性が挙げられる。地域密着型の教育機関として地域のニーズによく対応しているし地域の諸機関との連携もよく、このことが財政援助を受けやすくしている。今後は地域の研究ニーズも高まると思われるので、一層の応用研究の充実が期待される。

ところで、学士課程の発展がU・C全体を活性化しているようにみえるが、カレッジの目玉であった職業訓練と商業分野の実務教育にはあまり寄与しているとはいえない。これらについては、老朽化する施設と更新の遅れた設備に囲まれて、担当者は疎外感すら感じている。BC州は引き続き熟練工が必要だし、商業分野でも新しい知識や技術が必要とされている。これらの分野が予算不足なのは実は今も昔も変わりないが、一層の努力が求められる。

総じてU・Cは急速に発展したが、多くの問題を抱えている。とりわけ、基本的な条件整備に遅れを来しているのは否定できない。図書などの教育・研究資料は質量ともに満足できる水準に達していない。情報機器の不足も目立つ。分野によっては実験機器が質量ともに欠けている。新築間もない優れた校舎などに恵まれたU・Cがある一方で、老朽化した危険な建物を抱えて建替えが急務なところや、発展に見合った増築を必要とするところもある。

他にも多くの問題点を抱えているのが実像である。いずれの問題解決も先送りされている最大の原因は、なんといっても財政難である。あい次ぐ予算削減に加え、現政権は学費を五年も凍結している。個々のU・Cでは受入れ学生数の制限や、科目ごとの人数制限を実施している。希望する科目が満杯で長い待機リストに登録せざるを得ない学生数は増加し続け、一九九七年には待機学生の延べ数が三〇〇〇人を超えている。財政難がこれ以上続くと、政府が掲げた教育機会拡充の目標到達も、教育の質の維持も不可能になるおそれが大である。

こうした難問を抱えながらも、総じてＵ・Ｃ制度の導入は、成功であったといえる。特に機会拡大に多大な貢献をしている。それでも周辺地域では依然として就学が不便である。この点で政府の新たな戦略が必要である。その際、Ｕ・Ｃの果たす役割は益々重要となってくる。

以上が、ペッチ・レポートの概要である。新たな高等教育への挑戦を続けるＵ・Ｃに対して、概して好意的な評価を下しているといえる。しかしながら、こうした評価がすべてかというと、それは違う。新制度は機会拡大の大義を掲げた安易な妥協であるとする見方や、学位の質を低下させる危険性を心配する意見もある。特に、伝統的大学が占有してきた高等教育の聖域を犯されたと感じている大学人は少なくなさそうである。

５　今後の展望

一〇年を経たユニバーシティ・カレッジは、今後どんな進路をたどるのであろうか。これについては、制度創設を提言した「アクセス・レポート」が次のような三つの進路を示唆している。

①ユニバーシティ・カレッジとして独自の道を開拓していく、②独立大学に転身していく、③総合的学位授与地域カレッジへと変化していく。

予測は尚早としながらも①とみる識者が多い。その根拠として、ユニバーシティ・カレッジはすでに大学ともカレッジとも違うタイプの教育機関として発展してきたこと、大学と同様な学位授与機関といっても地域性の強さや学士課程以外のプログラムの豊富さなどによって明らかに大学とは違う強みを備えていること、今や単なる教育機関というよりも地域のセンターとして地域発展のエンジン機能を担っており、地域はこの独特な生き方を強く支持していること、経営コストが大学に比べて格段に低いこと、州政府の強固な中央集権的リーダーシップによって発展してきたので今後の支持を継続しやすい現在の枠組みが有利なこと、などが挙げられる。

ペッチ・レポートでは、ユニバーシティ・カレッジはすでにカレッジではない、大学でもない、あるいはカレッジと同時に大学であるというのも当たらない、としている。ユニバーシティ・カレッジという名の全く新しい中等後教育機関であり、このユニークな教育機関はBC州の財産であるとしている。独自のユニバーシティ・カレッジ路線の発展を示唆したものといえる。

州政府高官は個人的な観測と断って、五校のうち一校だけは明らかに独立大学を志向し、他の四校は独自のシステムとしてのユニバーシティ・カレッジの道を模索していきそうだ、と答えた。

それにしても、ユニバーシティ・カレッジにその典型を見るBC州の教育制度の柔軟性は一体何なのだろうか。なかなか日本人には理解しにくい。反面、その柔軟性にこそ、学ぶべき点も見いだせるのではなかろうか。

とりわけ、「ファーストステージ」としてのカレッジの特徴でもある①地域ニーズへの対応の速さ、

②社会の経済状況や産業構造の変化に応じる政策の機敏さ、③各校の思い切った特色出し、④中等後教育機関間の学生の移動を促すシステムの柔らかさ、⑤トランスファー制度にみられる綿密にしてしかも大胆な単位認定制度とその透明性、⑥異なった学校種間の連携、⑦学習機会の拡充と経済性との両面を追求する現実路線の設定、などに注目したい。

引用文献

・Howard, Petch E., 1998, *Degree Programs at the University Colleges: A British Columbia Success Story*, At the request of the Presidents of the University-Colleges of British Columbia.

参考文献

欧文文献

・Advanced Education Council of British Columbia, 1999, *B.C. College & Institute Facts & Figures 1998/99*.
・British Columbia Council on Admissions and Transfer, 1999a, *British Columbia Transfer Tips-Transfer Information for Post-Secondary Success*.
・———, 1999b, *British Columbia Transfer Guide 1999-2000: 10th Annual Edition*.
・British Columbia Ministry of Advanced Education, Training and Technology, 1999, *1999 Guide to British Columbia's Public Post-secondary Institutions*.

・British Columbia Ministry of Education, Skills and Training, 1996, *Charting A New Course - A Strategic Plan for the Future of British Columbia's College, Institute and Agency System*.

・Capilano College Community Relations, 1999, *1999-2000 Capilano College Calendar*.

・Dennison, John D. ed., 1995, *Challenge and Opportunity: Canada's Community Colleges at the Crossroads*, University of British Columbia Press.

・———, 1997, *The University College in British Columbia - Cultural Compromise and the Legitimation of Applied Knowledge*, A Paper prepared for the 19th Annual Forum of the European Higher Education Society, University of Warwick.

・———,1998, *A Commentary on the Petch Report On University Colleges - and Related Issues*.

・Johnston, Richard W., 1999, *The University-Colleges of British Columbia*.

・Maclean Hunter Publishing Limited, 1999, *The Maclean's Guide to Canadian Colleges 1999*.

・Vancouver Community College, 1999, *Vancouver Community College Calendar 1999/2000*.

・その他政府機関、大学等のインターネットＷｅｂサイトからの抽出資料多数。

(佐藤弘毅)

第八章　ドイツの専門大学と短期高等教育

1　高等教育の拡大

ドイツの高等教育は確実に発展をとげている。一九六〇年に二五万人にすぎなかった在学者数はわずか二〇年のうちに四倍以上に増加し、一九八〇年に一〇四万人に達した。ドイツ統一から九年を経た一九九九年の高等教育機関在学者数は一七七万人で、そのうち九割ちかくが旧西独地域で学んでいる。進学率は一九六〇年の六％から三〇％に上昇し、二十一世紀初頭に四割を超えると予測されている(Bundesministerium füe Bildung und Forschung 1998, 2000)。まさに高等教育大衆化時代の到来である。

こうした高等教育の拡大を可能にしたのは、一方で伝統的な「大学」(Universitäten)の収容力を増し、他方でそれよりも短期の新たな高等教育機関、すなわち専門大学(Fachhochschulen 高等専門学校と訳されることもある)を設けたことであった。端的に言えば、高等教育機関の種別化政策である。つまり総合大学と専門大学の間で教育研究上の機能を分化し、それによって多様化する高等教育の量的拡大と質的水準の確保を目指す。在学者数でみると、両者の比率はほぼ三対一になっている。今後は専門大学をさらに拡充し、その割合を高等教育在学者数の四〇％まで高めることが政策課題とされている(1)。

本章ではドイツの専門大学に焦点を当て、とくに総合大学と対比しながらその特徴を検討し、専門大学の需要が高まっている理由を、教育に対する社会的評価という観点から分析する。さらに独特な形態で専門職業教育を行っている職業アカデミーを紹介し、高等教育機関の種別化と個性化をつうじて大衆化時代の要請に応えようとするドイツの取り組みについて考察したい。

2　専門大学の特徴

1　実践指向の短期高等教育

まず、ドイツの高等教育制度を概観しておこう。高等教育機関は大きく分けて、学術的な大学と専門大学の二種類から構成されている（**図表8－1**参照）。

前者の学術的な大学（wissenschaftliche Hochschulen）に分類されるのは、総合大学とそれに類する大学（工科大学、総合制大学、教育大学など）である。いずれも博士の学位授与権《プロモツィオンスレヒト》と教授資格授与権《ハビリタツィオンスレヒト》を有し、理論的

図表8－1　ドイツの高等教育在学者数の推移

大学の種類	1960年	1970年	1980年	1990年[3]	1999年	機関数
総合大学[1]	238.4	410.1	823.9	1314.5	1300.7（73.3％）	116
芸術大学	8.5	10.9	18.3	30.4	30.1（1.7％）	47
専門大学[2]		89.5	202.0	372.6	443.2（25.0％）	182
在学者総数	246.9	510.5	1044.2	1717.5	1774.0（100％）	345

注：(1) 総合大学に準ずる大学（工科大学、医科大学、総合制大学、教育大学、神学大学）を含む。1999年の機関数116校のうち、総合大学は93校を占める。
(2) 上級公務員の養成を行なう行政専門大学を含む。1999年の機関数は30、在学者数は31,700人で、専門大学在学者全体の7.2パーセントに当たる。
(3) 1990年のドイツ統一以降は全ドイツの数値を表す。ただし旧東独地域に専門大学が設置されたのは1991年以降であるため、1990年の数値には含まれない。

出典：Bundesministerium für Bildung und Forschung (1998, 2000), *Grund-und Strukturdaten 1998/99, 2000/01* より作成。

な学術研究と教育に重点を置いている。ベルリン大学創立(一八一〇年)をもって知られる近代大学の理念「研究と教育の統一」と「研究、教育、修学の自由」を標榜する、伝統的な大学といってよい。

これに対して後者の専門大学の特徴は、次のようにまとめられる。

第一に、実践指向の教育を行っている。専門大学の目的は実務で必要とされる教育内容を提供し、のちの職業生活で役立つ応用力を身につけさせることにある。そのため学部は職業分野に対応したいくつかの専門領域に限られ、総合大学では当然の構成要素をなす法学、医学、あるいは人文科学系の学部は設けられていない(2)。主要な位置を占めているのは工学と経済学に関係した学部であり、専門大学の学生の六割近くが籍を置いている。

第二に、教育課程の編成が明確である。専門大学のカリキュラムは、学生が履修すべき科目と学期を細かく規定している。授業にはグループ作業が多く取り入れられており、教員の目が届きやすい。そのうえ、学期末ごとの試験を通じて、定期的に成績評価が行われる。このように修学の自由の度合いは、総合大学においてよりもかなり低い。分野ごとに違いはあるものの、総合大学は一学期間に出席する授業やその数、修了試験を受ける時期を含めて、学修計画は基本的に学生の裁量に委ねられている。

第三に、入学から卒業までの在学期間が短い。これは明確に編成されたカリキュラムや定期的な試験によって、一定期間内に学修を終えることが容易だからである。学生が規定の年限を超えて在籍する傾向は、ドイツの高等教育が抱える大きな問題の一つになっている。標準修業年限はおおむね総合大学で四・五年、専門大学で四年だが、一九九九年の修了者を例に挙げると、実際の平均在学年数は総合大学で六・七年、専門大学で五・三年であった。この数字は、学術的な大学に比べて専門大学に長期在学者が少ないことを示している。

こうした専門大学の特徴は、一九六〇年代後半の議論に端を発したものである。当時ドイツでは、一方で経済発展に必要な人材育成、他方で社会的機会均等を達成するための高等教育機会の拡大、という二つの要請に応えることが焦眉の課題になっていた。激化する国際間の経済競争に勝ち残るためには、高度な技術とそれを支える人材の育成が欠かせない。機会均等の観点からも、高等教育進学率を引き上げる必要がある。しかし、従来の学術的な大学を拡充するだけでは需要を満たせず、また財政負担も過大になるとの考えから、新しい機関の創設が求められた。その結果、それまで後期中等教育段階にあった技師学校(Ingenieurschulen)と経済、造形、社会福祉などの分野の高等専門学校(Höhere Fachschulen)を昇格させる形で、一九七〇年前後の時期に専門大学が誕生したのである。一九九〇年に東西両ドイツが統一された後には、旧東独地域にも既存の高等教育機関を改組し、あるいは新たに専門大学が設けられている。

2　入学要件と修了資格

以上のような経緯で設立された専門大学は、入学要件も卒業時に得られる修了資格も学術的な大学と同一ではない。周知のとおりドイツの教育制度は分岐型で、前期中等教育に複数の学校種が併存している。生徒は四年制の基礎学校(日本の小学校に相当)を終えると、能力と適性に応じて、異なった種類の中等教育学校に進む。大部分の生徒は基幹学校《ハウプトシューレ》、実科学校《レアールシューレ》、ギムナジウムのいずれかで学ぶが、総合大学に進学するにはギムナジウムで教育を受けることが前提になる[3]。ギムナジウムの修了試験が大学入学試験を兼ね、合格者が手にする一般大学入学資格、いわゆるアビトゥーアが、学術的な大学で学籍を得るための要件だからである。今までのところ個々の大学で入学者選抜は行われず、志願者が多い一部の専門分野で入学制限《ヌメルス・クラウズス》が実施されているにすぎない。

学術的な大学の入学要件がアビトゥーアであるのに対して、専門大学への入学には専門大学入学資格が求められる。一般にこの資格は、実科学校を終えた者が二年制の専門上級学校に進み、そこで修了試験に合格することによって得られる。この資格が前提とする学校教育年数は通算一二年で、アビトゥーア取得にかかる年数よりも一年短い[4]。しかし入学時の平均年齢は、学術的な大学で二一・四歳、専門大学で二三・三歳(一九九六年冬学期)と、専門大学のほうが高くなっている。これは専門大学の学生の多くが、入学以前に職業教育を受けていることによる。

専門大学のすべての学修を終えて修了試験に合格すると、ディプロームの学位が授与される。ディプロームはドイツの大学で、自然科学または社会科学の分野を専攻した者が手にする標準的な修了資格である。総合大学にはディプロームのほかにマギスターあるいは国家試験という選択肢があり、専攻に応じて、例えば人文科学系ではマギスターの学位を得て、法学、医学、教員養成課程では国家試験をもって修了する。専門大学の修了資格がディプロームに限られる理由は、設置された学部の分野と関係している。ただし専門大学が授与するディプロームには、専門大学を表す（FH）が付記される。

3　専門大学の社会的評価

学術的な大学と専門大学の間にみられる様々な相違は、格差ととらえられるかもしれない。専門大学は一方において、学術的な大学と対等だが別種の高等教育機関とみなされている。一九六九年の各州文部大臣会議の決議、ならびに一九七六年に施行された連邦の「高等教育大綱法」（Hochschulrahmengesetz）は、学術的な大学と専門大学を高等教育レベルの機関と位置付けている。専門大学のディプロームは、総合大学で得られるディプロームやマギスターと同じように、それ自身で完結した高等教育の修了資格である。

しかし他方で、制度上にいくつかの差異が設けられていることも事実である。例えば、国際的な水準からみると、総合大学のディプロームは修士レベル、専門大学のディプロームは学士（優等）レベルに相当する。そのため博士の学位を目指す場合に、専門大学の学生の前に障碍が立ちはだかる。ふつうドイツの大学には学部と大学院の区分がなく、博士の学位は博士候補生が指導教官の下で論文を執筆することを条件として与えられる。ところが先に述べたように、専門大学は博士の学位授与権をもたない。したがって、博士の取得を目指す専門大学の修了者もまた学術的な大学に学位請求論文を提出することになるが、それにはまずディプロームを取得し直さなければならない。博士候補生の条件は、優秀な成績で学術的な大学の課程を終えていることだからである。大部分の州では、特に優秀と認められる専門大学修了者に対して、回り道をせず学術的な大学に博士候補生として受け入れられる道を開いている。だが、実際にこの規定が適用されるケースは少ない。

このようにドイツの専門大学は、学修期間が短いといえども日本の学士課程にほぼ匹敵し、短期高等教育機関に分類するのは語弊があるともいえよう。しかし、学術的な大学よりも「短期」である特徴を一つの武器として、右に挙げたような制度上の障碍にもかかわらず学生を魅きつけている。それは、アビトゥーアを手にしながら専門大学に進学する者が増えている点からもみて取れる。アビトゥーアは一般大学入学資格という正式名称が表すとおり、すべての高等教育機関に通用する入学資格である。学術的な大学はもちろん、専門大学に入学することもでき、いまでは専門大学入学者の約半数をアビトゥーア取得者が占める。その傾向は特に女子で強く、一九九六年に専門大学に入学した男子の四七%、女子の五九%がアビトゥーアを取得していた。

① 専門大学入学者の出身階層

学術的な大学、伝統を誇る総合大学に入学できる資格をもちながら、学生が専門大学を選ぶ理由はどこにあるのだろうか。この選択が出身階層に左右されているのではないかという推測は必ずしもあたらない。親の最終学歴に注目すると、専門大学入学生の二七%は、父親ないし母親が学術的な大学で高等教育を受けていた。アビトゥーア取得学生に限れば、このような高学歴家庭の出身者は三割を超える。言い換えるならば、専門大学に入学する四人に一人は親が総合大学を卒業し、六人に一人は自分も総合大学に進学できる資格をもちながら、専門大学を選んでいるのである。

一九八六年から一九九六年までの一〇年間の推移をたどると、近年、専門大学入学生の親の学歴構成に変化が生じていることがわかる。一言でいえば、総合大学を出た親の子弟が増え(一二%→二七%)、その一方で、中等教育学校の中で最も要求度が低い基幹学校を卒業した親の子弟は減少している(四三%↓二七%)(図表8-2)。

このような変化の背景として、一つには高等教育拡大の影響が親世代に及んでいることに留意しておく必要がある。つまり一九七〇年代の高等教育拡大期に、学術的な大学に進学した世代がいまや親の世代に達しているのである。ひるがえって、基幹学校を出ただけの親の数は相対的に少なくなっている。

しかし同時に、専門大学に対する社会的な評価が高まり、専門大学が総合大学とならぶ進路の選択肢と

図表8-2　専門大学入学生の親の最終学歴

専門大学入学生が取得した入学資格の種類	入学年度	親の最終学歴				%
		総合大学	専門大学	アビトゥーア／実科学校	基幹学校	
アビトゥーア	1986/87	17	19	29	35	100
	1989/90	17	19	31	33	100
	1992/93	21	15	32	32	100
	1996/97	32	14	33	22	100
専門大学入学資格	1986/87	8	12	30	50	100
	1989/90	11	16	26	47	100
	1992/93	10	11	30	49	100
	1996/97	21	12	34	33	100
全　体	1986/87	12	15	30	43	100
	1989/90	14	17	28	41	100
	1992/93	15	13	31	42	100
	1996/97	27	13	33	27	100

注：総合大学は類する機関を、専門大学は前身の機関を含む。1989/90年度までは旧西独地域の数値のみを表す。
出典：Hochschul-Informations-System GmbH (1998), *HIS-Ergebnis-Spiegel*, pp.104-5.

して、高学歴者層にも受け入れられている事実は見過ごせない。

専門大学の人気は高く、志願者数も多い。そのため入学制限は、専門大学のほうが総合大学よりも厳しく実施されている。入学制限とは、志願者数が大学の収容力を上回る場合に入学者数を制限する方法をいう。合否を決める選抜と異なり、だれでも何学期かの待機期間を経れば入学を認められる制度である。ただし、入学資格を得たときの試験の成績評点をもとに入学が許可されるため、成績が悪ければ相当の待機期間を覚悟しなければならない。入学制限によってアビトゥーア取得者が専門大学に学籍を得られず、次善の策として総合大学に進学するような例もまれではない。

② 労働市場との関係

このように専門大学の人気が高まっている理由は、卒業後の就職状況と大いに関係している。一例として失業率を挙げよう。一九九五年の失業率は総合大学修了者で四・三%、専門大学修了者で三・四%で、いずれも全体の失業率九・三%をはるかに下回っていた。統計を見るかぎり、総合大学よりも専門大学を出た方が就職に際して有利だといえる。しかも新規大卒者の採用にあたって、さらには昇進や給与に関して、総合大学と専門大学の卒業生間で区別を設けず、双方を同等に扱っている企業も少なくない。ドイツの労働市場の中で総合大学と専門大学という高等教育機関の種類の違いは、総合大学では理論指向の、専門大学においては実践指向の教育研究に基づく重点の違いとして広く認識されている。専門大学とその卒業生に対する企業の評価は、専門大学の教育が評価されていることの証左だといえよう。

4　実践的教育を支える仕組み

専門大学を特徴づけている実践的な教育は、総合大学と異なるいくつもの仕組みによって支えられている。まず、教授は学術的な能力を表す博士の学位に加えて、関連する分野で五年以上の実務経験をもつことが任用の条件とされている。この実務経験のうち少なくとも三年は、大学以外の領域で職務に携わった経歴でなければならない。

教授が自ら職業上の事情に知悉し、企業とつながりを有していることが、専門大学の大きな強みになっている。しかも、教授の職務の中で教育の占める比重が大きい。これは教授が担当する週当たりの授業時数を見ても明白である。専門大学の教授は授業を週に一八時間行うが、総合大学の教授の授業時数は八時間にすぎない。教育と研究の双方が教授の責務と考えられてきた総合大学と異なり、専門大学における研究は、もっぱら外部資金を用いて遂行される。研究課題についても、総合大学が基礎研究中心であるのに対して、専門大学は地域の工業・経済の要望に密着した応用研究に主眼を置いている。

専門大学の教育に関してさらに注目すべき点は、カリキュラムに実習学期が組み込まれていることだろう。実習《プラクティクム》とは、学生が在学中に、企業や官公庁などの現場で実務を体験することをいう。大学生のインターンシップと言い換えればわかりやすいかもしれない。ドイツの大学はかねてから理工系および社会科学の一部の分野で、実習を卒業要件に課している。それ以外の分野でも、長期の休暇などを利用して自発的に実習を行う学生は少なくない。

専門大学は実習をカリキュラムの中に組み込み、ほとんどの州で四年(八学期)の修業年限のうち一学期ないし二学期を必修の実習学期と規定している。必修といえども、専攻に関連した職業分野で実習先を探す責任は学生自身にある。こうして学生は主体的に実習を行い、そこで実務に必要とされる知識や社会的能力を体得する機会を得る。そればかりか企業から出される証明書は、就職活動を行う際に大いに効果を発揮する。卒業論文にあたるディプローム論文にも、実習での経験に基づいて、現場の問題に直結したテーマが選ばれることが多い。

では、専門大学の学修はどのように構成されているのだろうか。具体例をみながら検討しよう。

3　バーデン・ヴュルテンベルク州の短期高等教育機関

1　ロイトリンゲン専門大学の事例

ドイツ南西部のバーデン・ヴュルテンベルク州に位置するロイトリンゲン専門大学(5)の沿革は、一八五五年にロイトリンゲン市、同市の著名な工業企業家、および当時のヴュルテンベルク邦によって創設された織工学校にさかのぼる。この学校は世紀の変わり目に繊維工業学校(Technikum für Textilindustrie)に発展し、一九一〇年頃にさらに技術者と化学者の養成機能を引き受けた。のちにこの部分が独立して、邦立の繊維技師学校(Ingenieurschule für Textilwesen)になる。現在のロイトリンゲン専門大学は、一九七一年に技師学校を格上げすることによって設立された、バーデン・ヴュル

図表8-3　ロイトリンゲン専門学校の学部構成

学部名	入学条件および課程の特徴
応用化学（Angewandte Chemie）	
国際経済（Ausenwirtschaft）	外国での（最低1）実習学期が必須
オートメーション化技術（Automatisierungstechnik）	
電子工学（Elektrotechnik）	
経営学ヨーロッパ学修プログラム（Europ. Studienprogramm fur Betriebswirtschaft）	入学条件はアビトゥーアと適性試験　欧米の提携大学の学位を同時に取得
機械工学（Maschinenbau）	
生産マネージメント（Produktionsmanagement）	
繊維と衣料（Textil und Bekleidung）	デザイン専攻志願者には適性試験
経済情報科学（Wirtschaftsinformatik）	
基盤（Grundlagen）	
国際マーケティング（Internationales Marketing）(1)	高齢者教育修了者を対象

注：(1) 学術的な大学、専門大学、あるいは職業アカデミーの修了者を対象とした上構学修（Aufbaustudium）、つまり継続教育の課程で、専門大学の通常の課程とは異なる。他の学部はフルタイムだが、国際マーケティングはフルタイム、パートタイム、通信制での履修が可能で、修業年限はフルタイムで3学期（1学期16週）、パートタイムで通例6学期（1学期8週）、通信制で3年以上（1年16週）となっている。通信制の場合のみ授業料が徴収される。

出典：Fachhochschule für Technik und Wirtschaft Reutlingen(1998),*Fachhochschule Reutlingen - Hochschule für Technik und Wirtschaft* より作成。

テンベルク州立の高等教育機関である。

連邦制をとるドイツにおいて、教育に関する事項は各州の権限に属している。高等教育に関して連邦は、大綱法の制定など基本法（憲法）が定めるいくつかの権能を有するにすぎない。そのため高等教育機関は、ほとんどが州によって設置された州立大学である。非州立大学も機関数でみると二割近くを占めているものの、教会立の小規模大学が多いことから、在学者数は全体の二％程度に留まっている。しかも学術的な大学か専門大学かという種類の別を問わず、州立の高等教育機関は今までのところ原則として無償を貫いている。

一一学部（図表8-3参照）に約三〇〇〇人の学生が籍を置くロイトリンゲン専門大学は、専門大学の中では標準的な規模といえる。総合大学が大抵二万人から三万人の学生を擁していることに比すると、専門大学はこのように規模が小さく、したがって教員と学生の密接な接触が可能になっている。

専門大学の国際化戦略

次に、ロイトリンゲン専門大学の応用化学部化学マーケティング課程を例に、学修構成をみてみよう（図表8－4）。学修は大きく二つの部分に分かれている。まず前半の基礎学修（通例二〜四学期）で専門分野に関する基礎的な知識を習得し、続く専門学修で学生は各自の関心に沿って専門を深める。すべての要件を満たし、論文審査と筆記・口述試験からなる修了試験に合格した者に学位が授与される。

こうした基本的な枠組みに加えて、化学マーケティング課程で目を引くのは、ディプローム学位で修了する従来のコースと、国際的に知名度の高いバチェラー（Bachelor）学位を取得する一学期短いコースが併設されていることである。基礎学修のカリキュラムは双方に共通であるから、いずれの学位を目指すかは二学期終了後、遅くとも専門学修に進む前に決めればよい。一学年の定員合わせて一〇〇人のうち半数まで留学生に門戸を開き、基礎学修の授業は主に英語を用いて行われる。バチェラー取得後、さらに三学期間の学修を経て、マスター（Master）の学位を取ることもできる。

この数年、ドイツの高等教育機関は国際化戦略の一環として、バチェラーとマスターの学位を授与する課程の導入を進めている。経済のグローバル化にともない、専門能力のみならず、国際性と

図表8-4　ロイトリンゲン専門大学応用化学部化学マーケティング課程の学修構成

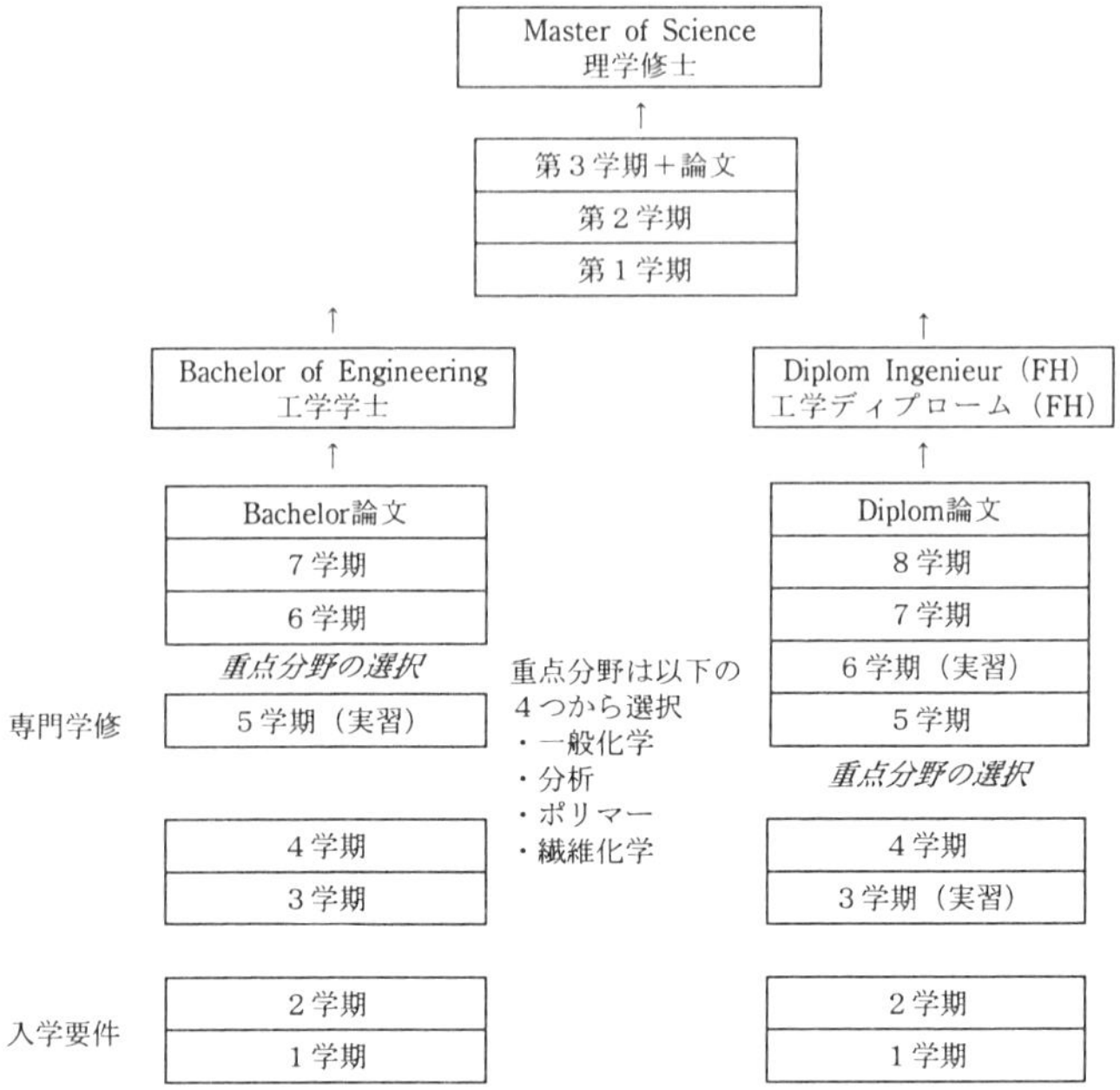

出典：Fachhochschule für Technik und Wirtschaft Reutlingen (1998), *Fachhochschule Reutlingen - Hochschule für Technik und Wirtschaft,* p.10.

学際性を兼ね備えた人材がますます重要視されていることは疑いない。ロイトリンゲン専門大学の化学マーケティング課程は、こうした情勢を睨んで、化学の専門知識はもとより、経済に関する知識と語学力に長じた、国際社会に通用する人材の育成を目指している。他の学部においても、外国での実習を義務づけている国際経済学部や、欧米の提携大学の学位を同時に取得可能にする経営学ヨーロッパ学修プログラム学部[6]など、個性ある取り組みが展開されている。雑誌などの大学ランキングでロイトリンゲン専門大学が上位に

図表8-5　バーデン・ヴュルテンベルク州の高等教育在学者数（概数）

高等教育機関の種類	1981/82	1993/94	1997/98	機関数
総合大学(Universitaten)	110,400	152,200	127,000	11
教育大学(Padagogische Hochschulen)(1)	12,500	16,200	17,400	6
芸術大学(Kunsthochschulen)	3,500	4,000	4,000	8
専門大学(Fachhochschulen)(2)	35,400	58,400	57,400	39
職業アカデミー(Berufsakademien)	3,200	11,300	10,700	8
学生総数	165,000	242,300	216,800	

注：(1) 初等・前期中等教育学校（基礎学校、基幹学校、実科学校、特殊学校）の教員養成機関として教育大学を設けているのはバーデン・ヴュルテンベルク州だけである。他の州は以前設置していた教育大学を総合大学に統合し、いまでは総合大学で一律に教員養成を行なっている。
(2) 行政専門大学７校を含む。

出典：Minister für Wissenschaft, Forschung und Kunst Baden-Württemberg (1998), *Hochschulen mit Zukunft*, p.5.

位置付けられているのも、根拠のないことではない[7]。

2　職業アカデミー

ここでバーデン・ヴュルテンベルク州の高等教育制度に目を転じると、学術的な大学と専門大学の他に、職業アカデミー(Berufsakademien)という第三の選択肢が存在している。職業アカデミーは、同州を皮切りに一部の州に設置されている機関で、ドイツ全体に共通の高等教育機関とは言い難い。だが、専門大学と異なる独特な形態で、実用的な専門職業教育を提供している例として検討に値しよう。

職業アカデミーは一九八二年以来、バーデン・ヴュルテンベルク州の正規の教育機関として法的根拠をもち、州法で高等教育レベルの第三領域(Tertiärbereich)に位置付けられている。同州の高等教育人口はドイツ一六州の中で三番目に大きく、一九八〇年代から九〇年代初頭にかけて一・三倍に増加した(**図表8-5**)。その後、出生数減少の影響を受けて全体的に減少しているが、在学者数を大きく減らしたのは総合大学であって、専門大学と職業アカデミーでは微減にとどまっている。とくに職業アカデミーの学生数の伸びは著しい。

① 二元的な学修形態

職業アカデミーの最大の特徴は、州立の学修アカデミー(Studienakademien)と企業の養成所(Ausbildungsstätten)が協力して、教育を行っていることにある。すなわち前者が理論的な学修を、後者が実務に関係する実践的な養成訓練を担当し、両者合わせて職業アカデミーを構成している。双方で学修内容が調整されていることはいうまでもない。学生はおおよそ三カ月ごとに学修アカデミーと企業の養成所を移動する。

このような学修構造をみると、後期中等教育段階のいわゆるデュアル・システムの職業教育訓練と、その構造が極めて似ていることに気がつく(図表8-6)。デュアル・システムとは、企業と学校が責任を分担し、二元的な形で職業教育を行うドイツ語圏に特有の制度である。企業は実践的な職業訓練を引き受け、それに要する全費用を負担する。他方、職業学校は週に一〜二日の授業を通じて、企業による職業訓練の内容を理論面で補う。したがってデュアル・システムの職業教育訓練を受ける者は、企業では見習い訓練生、職業学校では生徒として、同時に二つの組織に属することになる。

職業アカデミーの学生も同じように、学修アカデミーに学籍登録した学生であるとともに、全学修期間を通じて、企業と契約を結んだ訓練関係にある。この契約は一種の雇用契約であるから、企

図表8-6　職業アカデミーの学修構造（バーデン・ヴュルテンベルク州モデル）

Diplom-Betriebswirt/-in（BA）	経営学ディプローム（BA）
Diplom-Ingenieur/-in（BA）	工学ディプローム（BA）
Diplom-Sozialpädagoge/-in（BA）	社会教育学ディプローム（BA）

	国家試験
6．	理論 / 実践
5．	理論 / 実践

Wirtschaftsassistent/-in（BA）	経済アシスタント
Ingenieurassistent/-in（BA）	工学アシスタント
Erzieher/-in（BA）	教育士

	国家試験
4．	理論 / 実践
3．	理論 / 実践
2．	理論 / 実践
1．	理論 / 実践

アビトゥーア
（一般または専攻別大学入学資格）
および
企業との職業訓練契約

出典：Württembergische Verwaltungs - und Wirtschaftsakademie (1999), *Studienführer. Ausbildungsbereich Wirtschaft. Fachrichtung Industrie und Wirtschaftsinformatik,* p.4.

業は毎月一〇〇〇マルク程度の報酬を学生に支払う。学修アカデミーに通学する期間は訓練の免除とみなされ、この間も報酬が支払われるが、その代わりに出席義務が課せられる。授業料は徴収されず、休暇は契約で取り決めた年次休暇の限度内で認められる。

② 成立の経緯

以上のようなデュアル・システムの構造をもつ職業アカデミーが成立したのは、企業側の発意によるものである。一九七〇年代初頭までアビトゥーア取得者の主な進路は大学進学であり、九〇％以上が学術的な大学に進む道を選んでいた。この時点で専門大学を志望する者は少なく、代案となる他の選択肢は存在しなかったといえる。しかし企業は、学術的な知識と実践的な技能を身につけた人材を幹部候補生として求めており、経済界の中に特別な専門養成課程を設けようという考えが生まれた。そこでロバート・ボッシュ、ダイムラー・ベンツ、スタンダード・エレクトリック・ローレンツの三社が、すでに行政職員の継続教育機関として名を知られていたヴュルテンベルク行政経済アカデミーと、シュトゥットガルト商工会議所と緊密に協力し合い、「シュトゥットガルト・モデル」と呼ばれる今日の職業アカデミーの前身を構想したのである。このモデルは一九七二年六月に公表され、同年の冬学期に二四人の学生でスタートした。試行モデルの結果は良好であり、これを受けてバーデン・ヴュルテンベルク州は早くも一九七四年に州立の学修アカデミーを設置している。

今日、職業アカデミーの理論部分を担当する学修アカデミーは同州の一〇都市に置かれている。

州全体では、合わせて一万人以上が職業アカデミーに在籍し、四〇〇〇を超える企業の養成所で実践的な訓練を受けている。

③　入学要件と修了資格

ところで、職業アカデミーの特異な学修構造を反映して、入学要件も学術的な能力を表す入学資格だけでは十分でない。すなわち一方で、アビトゥーアもしくは特定の専門分野に限って入学を認める専攻別大学入学資格を有すること、他方で、職業アカデミーの制度に与する、いずれかの企業と訓練契約を結んでいること、この二点を満たすことが必要である。訓練契約を結ぶと企業が学修アカデミーに届け出て学籍登録が行われ、この手続きを経て初めて職業アカデミーへの入学が許可される。

三年間の学修と養成訓練を終えて国家試験に合格した者は、ディプロームが授与される。国家試験を前提とすることからわかるように、ディプロームの授与権は州がもつ。二年修了時にも国家試験があり、合格すればアシスタントあるいは教育士の職業資格が得られる。いずれの資格も職業アカデミーで取得したことを表す（BA）が付記される。とはいえ、職業アカデミー（バーデン・ヴュルテンベルク州モデル）のディプロームは、一九九五年九月の各州文部大臣会議の決議により、専門大学のディプロームと同等の資格であることがドイツ全州で承認されている。これによって職業アカデミーの卒業生も、学術的な大学で博士の学位を目指すことが可能になっている。

一方、労働市場における職業アカデミー卒業者の就職状況は極めてよい。ディプローム取得後、

図表8-7　バーデン・ヴュルテンベルク州の高等教育機関の特徴

	職業アカデミー	専門大学	教育大学	芸術大学	総合大学
学修提供分野	社会制度 技術 経済	社会制度 技術 経済 造形など	学校の教科および教育学	造形美術 音楽	ほぼ全域にわたる専攻分野
修了資格	Diplom (BA)	Diplom (FH)	国家試験 Diplom (PH) 博士の学位	Diplom 国家試験 芸術的資格 修了資格なし	Diplom Magister 国家試験 博士の学位 教会の試験
特徴	小規模クラス 出席義務 規定された学修計画 実践との強い結びつき 職業訓練報酬	学期ごとのグループ分け 規定された学習計画 実践との結びつき	規定された学習計画 学校での実習	個別授業とクラス分け	自由な学習形態 学術的、理論的な専門教育
学修期間	3年間	8学期、うち2学期は実習学期(バーデン・ヴュルテンベルク州の場合)	7学期または8学期	最低8学期	最低8学期
入学要件	アビトゥーア(一般・専攻別大学入学資格)および企業との職業訓練契約	専門大学入学資格またはアビトゥーア(一般・専攻別大学入学資格)多くの場合、入学前の実習	アビトゥーア(一般・専攻別大学入学資格)	アビトゥーア(一般・専攻別大学入学資格)	アビトゥーア(一般・専攻別大学入学資格)
学費の調達	職業訓練報酬、場合によっては連邦の奨学金(BaföG)	BaföG 自己資金 奨学金	BaföG 自己資金 奨学金	BaföG 自己資金 奨学金	BaföG 自己資金 奨学金

注：総合大学および専門大学の一部の課程では、Bachelor と Master の学位取得も可能である。

出典：Minister für Wissenschaft, Forschung und Kunst Baden-Württemberg und Landesarbeitsamt Baden-Württemberg (1998), *Kursbuch. Studium, Ausbildung, Beruf. Ausgabe 1998/99*, p. 34.

直ちに就職している者の割合は平均八割を超える。多くは養成訓練を受けた企業にそのまま採用され、専門大学あるいは総合大学の修了者と同等に、幹部候補生としてキャリアを積む可能性を手にしている。なお、バーデン・ヴュルテンベルク州モデルの職業アカデミーは、ベルリン、ザクセンの両州にも設けられている(8)。

以上で取り上げたバーデン・ヴュルテンベルク州を例に、ドイツの高等教育機関の主な特徴をまとめて締め括りたい。**図表8-7**から概観されるとおり、専門大学と職業アカデミーは職業に関連する限られた専門分野に特化し、実践指向の教育を行うことで総合大学と競合し需要を拡大している。

4　総　括――短期高等教育の展望

ドイツの高等教育には、厳密にいえば日本の短期大学、高等専門学校に相当するような「短期」の高等教育機関は存在しない。だが、総合大学よりも学修期間が短く、職業に関連した実践指向の教育を行うという特徴に着目すれば、専門大学が類似の機能を担っている。一九七〇年代初頭に設置された専門大学は、新たな入学資格を導入することで伝統的な中等教育学校の卒業者以外にも進学の機会を広げ、高等教育の拡大に大いに貢献した。さらに一部の州に設けられている職業アカデミーは、いわゆるデュアル・システムの職業教育を高等教育レベルで提供する機関として、成功を収めている。

本章でとくに注目したバーデン・ヴュルテンベルク州では、専門大学と職業アカデミーが高等教育の中で果たす役割を重視し、両機関の拡充のために総額一億八〇〇〇万マルクの特別予算を設ける構想を打ち出している(Minister für Wissenschoft Forschung und Kunst Baden-Würitlemberg 1998: 27)。この施策が示すように、高等教育の大衆化にともなって多様化する学生の能力・資質をどのように活かし、経済・社会の要請に応えるかが、ドイツでも重要な課題となっている。そして、学術的な大学とは異なった特徴と教育の重点をもった短期の高等教育機関に、大きな期待が寄せられているのである。

注

(1)　"Profilelemente von Universitäten und Fachhochschulen". Zustimmend zur Kenntnis genommen vom 181. Plenum der Hochschulrektorenkonferenz. Bonn, 24./25. Februar 1997. なお、専門大学には一般の専門大学のほかに上級公務員の養成を目的とする行政専門大学(Fachhochschulen für Öffentliche Verwaltung)も存在するが本章では対象としない。

(2)　各州文部大臣会議の決議により、専門大学に設けられる専攻分野は次の一一領域と規定されている。すなわち、工業、経済、行政と司法、社会制度、健康と療法、宗教教育学、数学、情報学、情報とコミュニケーション(文書保管、資料整理、翻訳、通訳、図書館、博物館に関する分野)、栄養と家政、および芸術・

デザイン・修復である。cf. Vereinbarung der Kultusministerkonferenz über Fachrichtungen, Studiengänge und Diplomgrade an Fachhochschulen (Beschluss der Kultusministerkonferenz vom 26.01.1996).

（3）一九九七年の第七学年（基礎学校から通算で七年）生徒の中等教育機関別在学率を示すと、基幹学校二二・四％、実科学校二六・〇％、ギムナジウム三〇・六％、総合制学校一〇・〇％、複数の課程（基幹学校と実科学校）を合わせた学校種七・一％、養護学校にあたる特殊学校三・九％であった。

（4）旧東独地域の一部の州ではギムナジウムを八年制と規定している。アビトゥーア取得までの学校教育年数は一二年である。

（5）正式名称は、ロイトリンゲン専門大学—技術経済大学（Fachhochschule Reutlingen - Hochschule für Technik und Wirtschaft）である。

（6）ロイトリンゲン専門大学を含む欧米の提携大学間で、カリキュラムおよび試験の内容を相互に調整した大学共同プログラムである。学生は八学期の学修のうち半分を外国の大学で行い、修了時に二カ国の学位を同時に取得する（Doppeldiplom）。入学要件は専門大学入学資格ではなくアビトゥーア（提携大学の入学条件）で、筆記、語学、面接からなる適性試験の合格者だけが入学を認められる。

（7）例えば、高等教育開発センター（Centrum für Hochschulentwicklung CHE）と商品試験財団（Stiftung Warentest）が一九九八年に実施したアンケートで、ロイトリンゲン専門大学は「高等教育機関の教授が自分の子どもを通わせたいと思う大学」および「在学者がもっとも満足している大学」の第一位に選ばれた。

（8）ただし、ベルリン、ザクセン両州の職業アカデミーでは、アシスタントと教育士の資格は取得できない。

引用文献(引用順)

- Bundesministerium für Bildung und Forschung, 1998, *Grund - und Strukturdaten 1998/99*.
- ———, 2000, *Grund-und Strukturdaten 2000/01*.
- Hochschul-Informations-Syotem GmbH, 1998, *HIS-Ergebnis-Spiegel*.
- Fachhochschule für Technik und Wirtschaft Reutlingen, 1998, *Fachhochschule Reutlingen - Hochschule für Technik und Wirtschaft*.
- Minister für Wissenschaft, Forschung und Kunst Baden-Württemberg, 1998, *Hochschulen mit Zukunft*.
- Württembergische Verwaltungs-und Wirtschaftsakademie, 1999, *Studienführer. Ausbildungsbereich Wirtschaft. Fachrichtung Industrie und Wirtschaftsinformatik*.
- Minister für Wissenschaft, Forschung und Kunst Baden-Württemberg und Landesarbeitsamt Baden-Württemberg, 1998, *Kursbuch. Studium, Ausbildung, Beruf. Ausgabe 1998/ 99*.

(吉川裕美子)

第九章　フランスの短期高等教育
——専門職業人教育を中心に

1　はじめに

フランスの高等教育は、「中等教育の修了を意味するバカロレアを取得した者、あるいはそれと同等の資格を有する者を対象に行われる教育」である。その高等教育は、短期高等教育と長期高等教育に大別することができる。本章が対象とするのは短期高等教育であるが、それは、長期高等教育がバカロレア取得後三年以上にわたって展開されるのに対して、バカロレア取得後二年間をもって修了する教育である。こうした条件を満たす教育は、リセに付設された上級技能者養成課程(Section de Techciens Supérieurs)、大学第一期課程(大学一般教育修了免状取得コースおよび大学科学・技術免状取得コース)、技術短期大学部(Institut Universitaire de Technologie)で行われており、さらに、グランド・ゼコール準備級の教育をこれに加えることができる。本章ではそれらが考察の対象となるが、詳述するのは、そこでの教育が二年で完結し、国家学位ないし国家免状の取得につながる教育に限定することにし、大学第一期課程一般教育修了免状取得コースとグランド・ゼコール準備級については、詳細な考察の対象から外したい。なぜならば、それらはいずれも――前者は国家免状である一般教育修了免状につながるが――、その修了後に継続して展開される高等教育の「準備段階」としての性格を色濃くもつからである。

以下、フランスの短期高等教育制度の現状、その社会的評価、課題などを考察することにしたい。

2　高等教育への道

1　フランスの中等教育

フランスの教育制度では、就学義務年齢の一年目にあたる六歳から一〇歳までの五年間にわたって児童が学ぶ小学校(Ecole primaire)が位置し、その後、四年間(一一歳から一五歳まで)コレージュで前期中等教育課程が、ついで後期中等教育が展開される。前・後期に二分された中等教育は、それぞれおおよそわが国の中学校、高等学校にあたる期間といえよう。

小学校と前期中等教育では、すべての生徒が共通の課程を学ぶことになっているが、後期中等教育は、普通教育リセ、技術教育リセ、職業教育リセ、農業リセ、実社会に出て企業などに就職しながらも、義務教育を補完する教育を受けることができる「職業見習い教育センター」(Centre desforamtions apprentis)、わが国の専修学校や各種学校に相当する各種の専門学校などで行われる。

これらの後期中等教育機関への進路指導は、コレージュ最終学年終了後に行われる。進路指導の結果、生徒はそれぞれの種別の学校に進むことになるが、前期中等教育課程(コレージュ)修了者のほぼ四〇%が普通リセと技術系リセに、約四〇%が二年制の職業リセに進み、残り二〇%前後の生徒はこの段階で就職するか、各種の専門学校に進む(柏倉、一九九六、一一一頁)。

2　リセとバカロレア

高等教育を射程にフランスの中等教育を論じるとき、まずもってリセにて言及しなければならない。なぜならば、高等教育に就学するために必要なバカロレアの取得を準備する課程がこのリセに設置されているからである。バカロレアは高等教育の最初の証書(Diplôme)であり、大学の第一学位でもある。つまり、バカロレアは中等教育の修了を認証し、そのことによって高等教育への就学を許可するのである。それ故、バカロレアは高等教育機関での勉学を希望する者にとって――ごく一部の例外を除けば――必須の資格と位置付けられるのである。

リセには、国民教育省所管の三年制普通教育リセ、技術教育リセと二年制職業リセ、さらに農業省所管の三年制農業リセがある。

普通教育リセは知育中心の普通教育を行うのに対して、技術教育リセと職業リセは普通教育の他に技術教育と職業教育を行うが、そこにそれらのリセの専門性があり、それが普通教育リセとの違いでもある。だが、これらのリセはいずれもが個々に対応するバカロレア取得のための準備教育を提供しており、現実には、職業リセで職業バカロレアを取得し高等教育に進む者はごく少数であるにせよ、リセ進学者は潜在的に高等教育を受ける予備軍としての性格をもっている。

普通リセではコレージュ修了後の学生を対象に、普通バカロレアの取得を目指す教育が行われる。普通バカロレアは、Ｌ(文学系)、ＥＳ(経済・社会系)、Ｓ(科学系)に分かれており、普通リセの学生は、それに対応するコースを選択することになる。

この普通バカロレアは、ナポレオン一世の創設になるバカロレアの伝統——一八〇八年三月一七日の勅令で、バカロレアを国家が行う高等教育（大学）への入学資格試験と定めた——を受け継ぐもので、普通教育（一般教養）に関わる資格であり、職業生活の実践に直接関わる資格ではないが、その資格取得者に大学や技術大学短期部やグランド・ゼコール準備級への進学を、さらには上級技能者養成課程への就学をも可能にする。

技術教育リセもまたコレージュ修了後の生徒を対象とする教育機関である。そこに学ぶ学生は技術バカロレアの取得を目指す（技術リセではこの他に技能者免状取得コースを選択することも可能）。

技術バカロレアは一九四六年に創設された技能バカロレアに起源をもち、それが一九八六年に改革されて、今日の技術バカロレアとなったものであるが、一九九三年の政令で、ＳＴＴ（第三次産業科学技術系）、ＳＴＩ（工業科学・技術系）、ＳＴＬ（実験科学・技術系）、ＳＭＳ（社会医療科学系）、さらには、ホテル業務系、音楽・舞踊系、マイクロテクニック系の九系列に整備された。

技術バカロレアは、普通教育と技術教育（この場合、特定の職種の技術教育ではなく、それよりも広範な一定の枠組み、例えば社会医療科学といった職域のそれ）を兼ね備えた資格で、直ちに職業生活に入ることを可能とする資格であるとともに、高等教育への就学を可能とする資格である。

高等教育への進学という観点からいえば、技術バカロレアは一般的に、技術短期大学部や上級技能者養成課程、あるいは専門職業教育大学（Institute Universitaire Professionalisé）での高度職業専門教育の第一歩と位置付けられる。

職業リセでは、二年の修学で職業学習証書(Brevet d'Etudes professionnelles)取得を、あるいは三年の修学で職業適性証(Certificat d'Aptitude Professionnel)の取得を目指す教育が行われる――このことは中等教育を終えてすぐに職業生活に入る選択肢があることを示している――が、その二年次から、講義の他に最低一六週の企業研修からなる二年間の職業バカロレア取得コースが開設されている。

職業学習証書、職業適格証、職業バカロレアの取得養成においては企業実習が義務づけられており、職業リセでの教育と企業での養成教育(実習)は養成学習課程として認定され、これらの免状の認証の際に考慮されるのである。

職業バカロレアは一九八五年に創設されたもので、三種類のバカロレアのなかでは最も歴史が浅く、技術バカロレアと同じく、一方では直ちに職業生活に入る際の資格を与えるとともに、上級技能者証書の取得を目的とする教育機関に就学する資格を与えるものである。

これまでみた三種類のバカロレアはいずれも中等教育の上位に位置する大学を代表とする高等教育への進学を可能にするが、そこには序列が歴然として存在する。つまり、普通バカロレアはすべての高等教育機関へ進学する資格を担保するが、技術バカロレアは一部の高等教育への、そして職業バカロレアは限定された高等教育機関へ進学する資格を与えているにすぎない。

3　リセ設置数と就学者数

一九九八年現在、フランスには公立普通教育リセ・技術教育リセが一四四八校設置されており、公立職業リセは一〇九七校を数える。私立普通教育リセ・技教育術リセは一一二一校、私立職業リセは六四五校設置されている。つまり、フランスには公私立あわせて四三一一のリセがあり、そのうち二五四五校が公立リセ、一七六六校が私立リセである。公立リセが全体に占める割合は、ほぼ六〇％である。また、普通教育リセ、技術教育リセと職業リセの比率では、ほぼ六〇％を普通教育リセと技術教育リセが占めている(Ministère de l'Education Nationale 1999: 31. 以下 RERS と表記)。

一九九八—九九年学期のフランス本土のリセ就学者数(リセ第二学年、第一学年、最終学年在籍者)についてみると、普通教育リセと技術教育リセ就学者は約一四七万七三〇〇人で、うち三〇万六五〇〇人が私立リセの就学者である。また、職業リセの就学者(バカロレア取得課程第一年次、最終学年在籍者)は約七〇万八三〇〇人を数え、そのうち一五万五一〇〇人が私立職業リセで学んでいる(RERS 1999: 71, 89)。

4　バカロレア取得者

一九九八年には、フランス本土のバカロレア取得者の総数は四八万八〇五四人である。内訳をみると、普通バカロレア取得者が二六万八一一九人、技術バカロレア取得者が一四万六七九人——うち四七二六人は農林省所管の農業系バカロレア取得者——、職業バカロレア取得者が七万九二五六人である。

受験人口が約五％減少したにもかかわらず、志願者数は前年に比べて微増した(一万二〇〇〇人増)。全体の合格率は七八・九%、普通バカロレアの合格率は七九・二%、技術バカロレアのそれは七九・五%、そして職業バカロレアのそれは七六・七%であった。同年齢集団に占めるバカロレア取得者の割合は六一・七%(前年比で〇・二ポイント増)、同年齢集団の三三・六%が普通バカロレアを、一八・一%が技術バカロレアを、また一〇%が職業バカロレアをもつ計算になる(RERS 1999: 190-1)。

3　フランスの高等教育

フランスの高等教育を、長期大学教育、短期大学教育、エコールでの教育、上級技能者養成課程教育、グランド・ゼコール準備級教育の順に略述しよう。

1　長期大学教育(Etudes universitaires longues)

大学へはバカロレアあるいは大学入学認定証(Diplôme d'Accès aux Etudes universitaires)あるいはそれと同等の資格をもつものであれば、だれでも入学が認められる。大学における教育は長期教育と短期教育に分かれる。

長期大学教育は、第一期課程、第二期課程、第三期課程に序列化されている。第一期課程段階は修業二年の教養課程と位置付けられ、複数の学問領域をカバーする基礎教育、オリエンテーション教育が行われる。この課程の修了者には大学一般教育修了免状(Diplôme d'Etudes Universitaires Générales)が与えられる。

大学第二期課程の教育は、第一期課程の後、一～二年にわたって行われる。一般的には、学識を深め、幅広い領域にわたって高度の学問的、技術的教育を行う課程で、職業人として責任を全うできる能力を養う準備期間と位置付けられている。第二期課程では、修学年限一年でリサンス(Licence)学位を取得できる。そして、その後一年の修学でメトリーズ(Maîtrise)学位の取得が可能である。

リサンスとメトリーズは理学・工学系、経済・社会運営系、法律・政治学系、経済学・経営学系、人文・社会科学系、文学・言語系、神学、芸術・文化系に分かれている。さらに、メトリーズと同レベルの学位として、科学・技術メトリーズ(Maîtrise de Sciences et Techniques)、経営科学メトリーズ(Maîtrise de Science de Gestion)、経営系情報科学メトリーズ(Maîtrise de Méthodes Informatiques Appliquées à la Gestion)、専門職業教育大学(第一期課程の一年終了後、修業年限三年の職業専門教育を行う)がある。

大学第三期課程は研究者、あるいはより高度の専門的知識をもつ職業人の養成を目的としており、この課程での修学は　研究深化学位(Diplôme d'Etude Approfondie)、高等専門研究学位(Diplôme d'Etudes Supérieures Spécialisées)、工学研究学位(Diplôme de Recherche Technologique)、博士号の取得につながる。また、研究指導資格認定証(Habilitation à Diriger des Recherches。博士号をもつ者、あるいは博士号と同等の研究実践を認定する証書をもつ者が、高度な学識を有し、学術的独創性と研究者養成の適性をもつことを認定する)も一種の第三期課程に関わる資格認定と考えられる。この認定証は、現実には、大学などの高等教育研究機関に職を得るために不可欠なものとなっている。

なお、これ以外の大学系の教育機関として、教員養成を目的とする教員養成大学インスティテュート(Institut Universitaire de Formation des Maîtres)がある。

2　短期大学教育(Etudes universitaires courtes)

短期大学教育は、バカロレア取得後二年間の修学によって完結する教育で、これに該当する教育は、大学第一期課程に設置されている大学科学・技術免状取得コースと技術短期大学部で行われている。前者の修了者は大学科学・技術教育免状(Diplôme d'Etudes Universitaires Scientifique et Technique)を、また後者の修了者は大学科学技術免状(Diplôme Universitaire de Technologie)を取得することができる。

ここで確認すべきは、これらの短期大学教育は、二年制専門技術教育と位置付けられており、実社会に出て即戦力として活躍し得る人材の養成を主な目的としていることである。

3　エコール

フランスにおいてエコールは大学とともにフランスの高等教育を担っている。エコールは技師学校(Ecole d'Ingénieur)や商業系エコール(Ecole de Commerce)に代表されるが、そこでの教育は実務的な教育に重点が置かれ、入学資格はバカロレア取得あるいは準備級での勉学が要求され、選抜試験が行われる。修学期間もバカロレア取得後三年以上が大多数を占め、バカロレア＋二年のエコールはごく少数である(Manceau 1999; Mandry 1999 参照)。

エコール系の教育の頂点に立つのがグランド・ゼコールである。グランド・ゼコールは設置形態からするとほとんどが国公立であり、いずれも高度の職業知識と知性・教養を備えた国の高級幹部、エリート養成を目的として設置されている。また、国民教育省のみならず、他の省庁・機関もその所管する領域に関わるグランド・ゼコールを設置している。そして、グランド・ゼコールに進学するには、バカロレア取得後、リセに置かれているグランド・ゼコール準備級で二年間程度選抜試験の準備をし、選抜試験に合格しなくてはならない。

グランド・ゼコールの名声は高等師範学校(国民教育省所管)、理工科学校(国防省)、国立高等鉱山学校(産業省所管)、国立行政院(首相府・公職担当所管)、国立道路・橋梁学校(運輸省所管)、高等商業専門学校(パリ商工会議所所管)などの名を挙げるだけでこと足りるであろう。

グランド・ゼコールのエリート主義とその結果生じる社会的不平等とその再生産、さらにはエリート幹部層の「仲間意識」などがイデオロギー的に異議を唱えられているが、グランド・ゼコールで行われている特別な養成と教育の専門的価値は、一般的に認められてきた(フランス行政担当者協会、二〇〇〇、七四―五頁)。

大学との関係でいえば、グランド・ゼコールは厳しい選抜試験によって学生を入学させており、そのため最も優秀な学生を大学から奪い取っているとの指摘がなされている。また、グランド・ゼコールの教育が、先にも述べた通り「高度の職業知識と知性・教養を備えた人材養成」にあり、そこでの教育の一つの重要な柱として高度な職業教育が位置付けられているのに対して、大学教育は学術的ないし理論的性格が強いとされてきた。しかし近年、科学技術の急速な発展がみられる状況のなかで、とりわけ第二次産業系、第三次産業系に関する領域の大学教育では、高度職業教育的要素を取り入れられつつある。

4　上級技能者養成課程とグランド・ゼコール準備級

バカロレア取得者が進学できる高等教育機関には、先に述べた大学、エコールの他にグランド・ゼコール準備級と上級技能者養成課程がある。これらの課程はリセの内部に設置されており、リセの「専攻科」的色彩を色濃くもつが、実際には高等教育の一部と理解され、またそのように取り扱われている。

上級技能者養成課程は、リセ最終学年修了者を対象として、上級技能技術者免状の取得を目的とする修業期間二年――ただし、大学第一期課程やグランド・ゼコール準備級の修了者には、二年次への編入が認められる――の職業教育課程である。この教育課程に在籍する学生は、上級技能者免状(Brevet de Technicien Supérieur)の取得を準備する。

グランド・ゼコール準備級(Classes Préparatoires aux Grandes Ecoles)は、各種のグランド・エコール入学試験を準備する二年間またはそれ以上の課程で、もっぱらグランド・ゼコールへの入学選抜試験に合格するための準備教育を行うのであり、学位あるいは免状の取得を目指す教育課程ではない。なお、準備級での勉学は大学における第一期課程に相当するとみなされている。

5　高等教育就学者数と高等教育機関数

一九九九年秋に始まる新学期、フランスでは約二一〇万人の学生が高等教育機関に在籍している。これらの学生の約七一%、約一四九万三〇〇〇人が大学で学んでいる。大学生のうち大学第一期課程には約六〇万八〇〇〇人が、第二、第三期課程には合わせて六八万二〇〇〇人が就学している。また、技術大学インスティテュートに学ぶ学生は約一二万一〇〇〇人で、残り約八万二〇〇〇人が教員養成大学インスティテュートで学んでいる。また、グランド・ゼコール準備学級にはおよそ七万一〇〇〇人が、上級技能者養成課程には約二五万人が在籍している。また、国公私立のエコール系高等教育機関(国民教育省および他の省庁所管を含む)には、約二八万人が在籍してる。

高等教育機関数についてみれば、大学およびそれに準ずる機関が九〇校(この他に私立大学が一八校)、上級技能者養成課程とグランド・ゼコール準備級を付設するリセが二一〇〇校ある。技師学校は二四〇、商業系エコールは二三〇を数える。これらのほかに、高等師範学校や他の高度職業専門教育を施す機関を加えると、四〇〇〇強の高等教育機関が機能している(RERS 1999: 13. 図表9-1を参照)。

4　短期高等教育――そのシステムと教育内容

1　短期高等教育の性格

先に述べたように、フランスにおける短期高等教育は、大学およびリセに付設された教育機関において行われている。

大学における短期高等教育は、前述のように、大学第一期課程、および技術短期大学部で展開されている。大学第一期課程修了者は大学一般教育修了免状、あるいは大学科学・技術教育免状を、技術短期大学部修了者は大学科学技術免状(Diplôme Universitaire de Technologie)を取得することができる。エコール系では、バカロレア＋二年レベルで教育を完結させるケースはごく少数である。

このように、上級技能者養成課程、グランド・ゼコール準備級、大学第一期課程、技術大学インスティテュートが、実質的にフランスの短期高等教育を担っている。しかしながら、短期高等教育が「普通教育型」と「職業教育型」に分かれていることに注目する必要がある。「普通教育型」短期高等教育は、より上位の高等教育への進学準備を目的としている。大学第一期課程大学一般教育修了免状取得コースとグランド・ゼコール準備級の教育がそれに該当する。一方、「職業教育型」短期高等教育は、バカロレア取得後二年の修学で完結し、専門職業人の養成を目的としており、そのための教育が上級技能者養成課程、大学科学・技術教育免状取得コース、技術短期大学部において行われ

図表9－1　高等教育就学者に占める短期高等教育就学者数

（単位千人：フランス本土）

	1995/96年	1996/97年	1997/98年	1998/99年
大学（ICUを除く）	1,362.5	1,340.7	1,311.2	1,290.2
（第一期課程在籍者）		(642.7)	(618.3)	(604.0)
IUT	103.2	108.4	112.6	114.3
大学合計	1,465.5	1,449.1	1,423.8	1,404.5
STS	225.2	230.4	233.1	234.3
IUT＋STS	328.2	338.8	345.7	348.6
CPGE	76.0	78.3	78.8	77.1
IUFM	84.2	83.9	81.3	79.8
私立大学	22.1	22.3	21.8	22.3
その他	352.1	346.1	345.0	351.3
総計	2,140.9	2,126.2	2,102.5	2,089.5

注：IUTは技術短期大学部、IUFMは教員養成大学インスティチュート、STSは上級技能者養成課程、CPGEはグランド・ゼコール準備級を意味する。その他には技師学校、経済・商業系エコール、高等師範学校（Ecole Normale Superieur）、社会・医療系エコールなどが含まれている。

出典：RERS (1999), p. 147.

ている。以下の論述はこの「職業教育型」短期高等教育を対象とすることになる。

2　短期高等教育就学者数

フランスの高等教育において、短期高等教育就学者数とそれが高等教育全体に占める数字を示したのが図表9－1である。

上の図表から明らかなように、一九九五―九六年学期以降、「職業教育型」短期高等教育課程在籍者数は着実に増加し、高等教育就学者全体に占める割合も大きくなっている。高等教育在籍者数が一九九五―九六年学期以降減少し、技術短期大学部を除く大学在籍者数も同様の傾向にある(したがって、第一期課程在籍者も減少傾向にある)。これに対して、技術短期大学部と上級技術者養成課程の学生数は増加している。その増加率は低いとはいえ着実である。

短期高等教育就学者が高等教育就学者全体に占める割合を年代順にみると、一九九五―九六年学期は一五・三％、一九九六―九七年は一五・九％、一九九七―九八年学期が一六・四％、一九九八―九九年学期は一六・六％と着実にその割合が大きくなっている(なお、大学科学・技術免状取得課程は大学第一期課程在籍者数に含まれているがゆえに、当該在籍者数はここには算入されていない)。

3　上級技能者養成課程

上級技能者養成課程は、一般の技能者よりも広範な責任をもち、幹部の業務遂行を支援する人材――例えば、技術者や業務の責任者の協力者として活躍できる人材――の養成を目的としている。しかし、上級技能者養成課程の具体的、直接的な教育は上級技能者免状取得試験の準備に向けられている。上級技能者免状にはおよそ一四〇の種別(専攻)があり、ほとんどすべての職域を覆っている。それらは次の二五の系に大別される。煩を厭わず列挙すれば、農業・農産物加工系、芸術・応用芸術系、保険業務系、建築・土木系、文書処理・秘書学系、化学・物理・生化学・生物学系、商業系、財務・管理系、社会経済系、書籍編集系、電気・電子・電子技術系、溶鉱系、製鉄・金属製造系、ホテル業務・飲食系、不動産系、情報科学系、機械系、製紙系、通信系、繊維・被服系、健康・準医療・美容系、旅行業・レジャー業系、運輸、木工系、皮革製品製造系、ガラス・陶器製造系である。したがって、個々の上級技能者養成課程は、いくつかの専攻分野に特化して上級技能者免状取得準備教育を展開している。

この養成課程は、国立のリセに付設されるもの、経済団体（商工会議所）の設置になるもの、私立の教育機関の設置になるものの三種に分かれる。一九九八―九九年学期には、一九三六の上級技能者養成課程が設置されており、そのうち公立養成課程が一一六六（約六〇％）を数える。

上級技能者養成課程への入学資格はリセの最終学年修了者であり、厳密にいえばバカロレアは必ずしも必要とされていないが、ほとんどの場合、入学に際してバカロレアの取得が入学要件として課されている（現実に一九九八―九九年学期入学者の五六％は技術バカロレア、二〇・四％は普通バカロレア取得者、五・九％は職業バカロレアの取得者である）。

入学選考は、原則として書類選考をもって行われる。具体的には、リセ最終学年の学業成績を対象とするが、その前年の成績も対象となることがある。そして、ほとんどの場合、志望理由書の提出が求められる。こうした書類による選考以外に、選抜試験、面接試験などを行い、入学者が決定されることもある。

在籍者数についてはすでに図表9‐1に示した通りであるが、国民教育省管轄の上級技能者養成課程在籍者が多数を占め、一九九五―九六年学期以降、その割合は六〇％強を維持している。

また男女比についてみると、男女比はほぼ等しいが、一九九七―九八年学期から女子学生数が男子学生数を凌ぐようになり、翌年の学期も女子学生数が男子学生数を上回っている（一一万九〇九四人対一一万五二〇六人）。

一九九八―九九年学期を例に専攻分野別の在籍者数をみると、上級技能者養成課程在籍者のうち二次産業系には六万五一五七人――うち男子学生八五％、女子学生一五％――が在籍し、三次産業系には一四万一八九七人――うち男子学生は三〇・四％、女子学生は六九・六％――が在籍している（国民教育・研究・技術省教育計画開発局ジェルヴェ氏の資料による）。

上級技能者養成課程で行われる教育内容とそれぞれの教科の授業時間数――上級技能者免状取得試験を受験するのに要求される準備教育時間数――は、専攻分野ごとに国民教育省が定め、『指導要領』（Référentiel de certification）の形で公表している。それによれば、すべての専攻分野で、教育内容は一般教育と専門職業教育とから成っている。また、授業時間数は最低に一一〇〇時間（先に述べた二年次編入の場合は同六〇〇時間）であり、一週当たりの授業時間数は専攻によって異なるが、三〇～三五時間程度である。さらに、上級技能者養成課程では企業、研究所などでの四～一六週間の実習が要求される（一九九五年五月九日付け政令）。実習にはレポートの作成が義務づけられており、上級技能者免状取得試験の際、このレポートについて口頭試問が行われることが多く、配点も高い。

上級技能者免状取得試験は、毎年一回、各大学区ごとに実施される。試験委員会は、各専攻ごとに大学区長令によって任命される公立教育機関の教員（複数）――うち一人は高等教育機関の教員――、私立教育機関あるいは見習い訓練センターの教員（複数）、当該免状に関わる職業に携わる専門家が構成するが、公立教育機関の教員が過半数を占めなくてはならず、また、委員会の長は高等教育機関の教員あるいは当該免状に関わる専門領域の地域視学官が務める（上記政令）。

試験科目は各専攻分野ごとに六科目が課せられるが、その科目は『指導要領』に示され、受験した六科目の平均点が二〇点満点の一〇点以上であれば合格とされ、上級技能者免状が交付される。一九九八年の試験には一三万三六一五人が受験し、八万三九二四人が合格した（合格率六二・八％）（RERS 1999: 193）。

上級技能者免状取得者の進路であるが、かれらに対する需要は中小企業を中心に多い。第二次産業系免状取得者、特に工業情報工学、機械、電気、電子技術、オートメーション工学などの免状取得者に人気がある。溶鉱、陶磁器製造は希少であるがゆえに評価が高い。第三次産業系では状況は違うが、準医療関係、財務・会計、経営系、さらに運輸、ホテル業務系免状取得者への需要は高い。一方、一般事務、法律、観光の分野の需要は限られている。

上級技能者免状取得者の進路に関して、その約三分の一が他の教育機関で勉学を継続するという事実に留意しなくてはならない。進学先としては、大学第二期課程の実務系分野である科学・技術メトリーズ、経営科学メトリーズ、経営系情報科学メトリーズコース、専門職業教育大学がある。選抜試験を受け、技師学校や経済・商業系エコールへ進学する可能性もある。

4　技術短期大学部

技術短期大学部は、一九六五年、製造、応用研究およびサービス部門における技術的、専門的幹部職の養成を目的(一九八四年一一月一二日付け政令第二条)として創設され、一九九八―九九年学期、フランス本土には一〇一(前年学期設置数九八、前々年学期同九二)の技術短期大学部が設置されている(RERS 1999: 47)。原則として修学年限は二年であり、修了者には国家免状である大学科学技術免状が与えられる。

技術短期大学部は大学付設機関ではあるが、教官配置、予算については別枠で扱われている。学生一人当たりの政府支出予算(一九九八―九九年学期)についてみると、技術短期大学部の学生は厚遇されている。大学生一人当たり平均の政府支出が三万九〇〇〇フランであるのに対して、技術短期大学部のそれは五万三〇〇〇フラン(一・三倍強)である(RERS 1999: 251)。

技術短期大学部への入学許可には三種類ある。一つは、バカロレア取得者を対象とし、書類選考によって一年次への入学を認めるもので、これによって入学した学生は、二年間の修学を経て技術短期大学部修了免状を取得することになる。二つは、「特別入学」許可と呼ばれるもので、すでに二年間の高等教育を修了した者――大学一般教育修了証、上級技能者免状、すでに一つの技術短期大学修了免状などの取得者が対象となる。「特別入学」制度によって入学を認められた者の修学年限は一年である。三つ目として、勤労者を対象とする入学選考がある。これは職業生活にすでに入っている者で、技術短期大学修了免状を取得するために職業を継続しながら技術短期大学部で勉学することを希望する者を対象としている。この場合、フル・タイムあるいはパート・タイム、あるいは修学しつつ企業実習生を兼ねる(alternance)という形をとって勉学する。修学・企業実習生兼業の場合、志願者は二六歳以下であること、専攻する分野にふさわしいバカロレアの取得者であることが望まれる。入学選考は書類選考によって行われるが、選考委員会の「好意的判定」を得た志願者を雇用する企業との間で実習契約が締結されて、はじめて入学許可が与えられる。入学を許可された者の修業年限は原則として二年、学生には、企業から全産業一律スライド制最低賃金の二三～七八％の給与が支払われる。

技術短期大学部の入学選考は試験――書類選考、面接試験など――による。リヨン第二大学付設技術短期大学部は修学・企業実習生兼業の学生のみを採用するが、そこではまず書類選考による選抜が、次いで、面接試験――面接試験委員は二人の教員と二人の企業家から成る――、希望者はその試験に合格しなければならない。

各技術短期大学部は、特定の専門職業教育を行う教育単位である学科(département)をもって構成されている。その専門職業教育には二四の専門分野があり、一四は二次産業系分野に、一〇は三次産業系分野に属する。二次産業系に含まれる分野として、化学(三専攻)、生物工学(五専攻)、化学工学、土木工学(三専攻)、通信工学、電子工学・産業情報科学(四専攻)、産業工学・メインテナンス、機械・生産工学、熱・エネルギー工学、保健・安全・環境、物性測定(二専攻)、計測・品質管理、組織・製造工学、材料工学を挙げることができる。三次産業系の専門分野には法実務、社会実務(社会福祉など三専攻)、交通・運輸、経営・商業管理(財務・会計など三専攻)、企業・経営管理、情報・伝達(出版、広告など五専攻)、情報科学(情報工学など三専攻)、情報サービス、統計・情報処理、商業活動技術がある(Wolski - Quéré 1999 参照)。

一九九八―九九年学期時点での専門別の設置学科数は五六二に上る。二次産業系の学科の総計は二九三で、電子工学・産業情報科学が最も多くて五一、次いで機械・生産工学が四二、生物工学が三四となっている。三次産業系の学科は総計二六九であり、もっとも設置数が多いのは企業管理・運営が七二、商業活動技術が七〇(この二つの学科で全体の半数を超えている)、ついで情報科学が三九、交通・運輸が二一とつづいている。

技術短期大学部の就学者数、およびその数が増加傾向にあることはすでに述べたが、増加率は低下している。すなわち、一九九六―九七年学期の在籍者は前年比四・七ポイント増、一九九七―九八年学期は同三・八ポイント増であるのに対して、一九九八―九九年学期の在籍者は同一・七ポイント増にとどまっている(RERS 1999: 147 および図表9－1を参照)。

技術短期大学部入学者の取得したバカロレアの種別を検討してみよう。一九九八―九九年学期入学者のうち、普通バカロレア取得者が六六・〇%(前年学期六四・六%、以下同じ)、技術バカロレア取得者は三二・六%(三三・九%)を占める。職業バカロレア取得者の占める割合は一・四%(一・五%)にすぎない(RERS 1999: 154)。このように、技術短期大学部入学生の大半を占めるのは普通バカロレア取得者であるが、技術短期大学部と同じレベルにある上級技能者養成課程では、入学者の五六・〇%が技術バカロレア取得者であるのに対して普通バカロレア取得者は二〇・四%、職業バカロレア取得者は五・九%であり(RERS 1999: 168)、入学者の取得バカロレアが、これら二つの教育課程では明らかに相違している。

一九九八年秋の時点での技術短期大学部就学者のうち男子は六万七五四五人、女子は四万一八六七人と、男子学生が多数であり、男女比はおおよそ三対二である。この男女比は二次産業系ではほぼ四対一(男子学生三万九四九七、女子学生九五五二人)で男子学生が圧倒的多数であるが、三次産業系では約七対八(男子学生二万八〇四八、女子学生三万二三一五人)であり(RERS 1999: 155)、男女比は逆転する。女子学生数が三次産業系で男子学生数を上回るという、上級技能者養成課程でみられるのと同じ傾向がここでも生じている。

技術短期大学部で実施される教育について、バカロレア取得者が一年次に入学したケースを例にとって述べることにしたい。

修業年限は前述の通り、原則として二年である。一年次から二年次への進級は、学科教員会議で決定され、留年は重大な事由がない限り一回だけ認められる。

授業時間数については、一九九四年四月二〇日付国民教育省令(第九条および第一〇条)が定めている。それによれば、技術短期大学部では二年間六〇週にわたって教育が行われ、総授業時間数は一八〇〇時間ないし一六二〇時間で、これに三〇〇時間の個人指導、一〇週間以上の企業実習が加わる。授業時間数が一八〇〇時間のプログラムは、おもに二次産業系学科で採用されているが、その内訳は講義が三六〇時間、演習・実習が一一四〇時間(演習五四〇時間、実習六〇〇時間)、言語・表現教育(演習)と個人指導が各三〇〇時間である(これに企業実習が加わる)。おもに三次産業系学科が授業時間数一六二〇時間のプログラムを実施するが、それは講義四一〇時間、演習・実習九一〇時間(演習六一〇時間、実習三〇〇時間)、言語・表現教育(演習)および個人指導各三〇〇時間から構成されている(これに企業実習が加わる)。ただし、これらの授業時間数は、一〇%を超えない範囲で変更することが可能である。

こうした技術短期大学部の教育は三つの特徴をもっている。一つは、全体の時間数の中に占める講義時間数の割合はきわめて低く抑えられ、それに代わって、演習、実習、個人指導などに多くの時間が割かれていることである。二つは、言語表現・自己表現開発教育に一定の重点が置かれていること、三つは、二四人以下の集団演習、七〜八人の少人数演習など、少人数教育が実施されていることである。

技術短期大学部では修学・企業実習生を兼ねるという形の教育が展開されていることについては先に述べたが、その例を紹介しよう。リヨン第二大学付設技術短期大学部の統計・データ処理学科、組織・製造工学科、交通・運輸学科、企業・経営管理学科では、一年次に二〇週、二年次に三六週の企業実習が導入されており、一年次の実習は学生の身分で行われるが、二年次の実習は学生・企業実習生を兼業する形で実施され、学生は、全産業一律スライド制最低賃金の四九〜七八%の俸給を得ながら企業実習を行うようになっている。また、企業実習を最優先させる教育方法も導入されており、その場合、一般的に学生は、二年間の就学期間のうち技術短期大学部で一カ月の勉学を五回程度行い、それ以外の期間は企業で実習を行う(リヨン第二大学付設技術短期大学部長ルッセ教授からの聞き取り調査による)。

技術短期大学部の課程の修了者には、学科長、技術短期大学部の教員および当該専門分野と緊密に関係する職務にある外部の専門家から構成される審査委員会(委員長は技術短期大学部長)の審査に基づいて、国家免状である大学科学技術免状が与えられる。一九九六―九七年学期にこの免状を取得した者は三万九八〇四人(前年学期は三万九四六六人)である(RERS 1999: 155)。

技術短期大学部は、すでに述べたように上級技能者養成、実務志向の教育を展開することで人気を集めてきている。しかしながら、近年、技術短期大学部修了者が直ちに職業生活に入らず、勉学を継続する傾向が顕著である。大学科学技術免状取得者(上級技能者免状取得者についても同様のことがいえるが)は、ほとんどの場合、大学第一期課程一年次を免除されるし、あるいは第二期課程に直接進学することも可能だからである。一九九七年には技術短期大学部修了者の六五%(二次産業系では六二%、三次産業系では六八%)が他の高等養育機関に進み、勉学を継続した。具体的にいえば、かれらの四四%が大学第二期課程に、二一%が同第一期課程に進学し、また、九%が技師学校に、六%が専門職業教育大学(Institut Universitaire Professionalisé)に、五%が商業系エコールに、そして二%が教員養成大学インスティテュートで勉学を続けた。

なお、一九九五年以降、技術短期大学部は三年次の学生を認め、かれらに国家免状である専門技術免状(Diplôme National de Technologie Specialisée)を交付してる。一九九七年には二〇の技術短期大学部がこの免状を交付している。

5　大学科学・技術免状取得コース

大学第一期課程は、第二期課程、第三期課程へと連なる長期大学教育の第一段階であり、既述のとおり、その修了段階で与えられる大学一般教育修了免状は、第二期課程以降への進学にとって原則的に不可欠であるという点において重要な意味をもっている。この意味で、大学一般教育修了証は、実社会で職業生活を営もうとするとき、職業資格として評価される度合いは極めて低いといえよう。

しかし、大学第一期課程にはまた、長期大学教育の第一段階とは位置付けられないが、二年で完結する職業人養成課程がある。それが大学科学・技術免状取得コースであり、その修了者には国家免状である大学科学・技術短期免状(DEUST: Diplôme d'Etudes Universitaires de Scientifiques et Techniques)が与えられる。

このコースは一九八四年に創設されたもので、当初は一般教育課程の修学が困難である学生を対象として、大学第一期課程修了レベルで直ちに職業生活に入る資格を与えることを目的としていた。

一九八四年七月一六日付け国民教育省令第一条によれば、大学科学・技術免状は「大学第一期課程の科学的方法および基本的言語教育と、職業技能者資格のための実習を認定する」ものであり、そのための教育目的が「職業生活に直ちに入るのに必要な、そして同時に、場合によっては高等教育を継続するのに必要な知識と方法の獲得すること」にある、と規定している。

同省令第二条は、大学科学・技術免状は、「高等教育機関地域諮問委員会」(Comité consultatif régional des établissements d'enseignement supérieur) および「高等教育・研究国家評議会」(Conseil national de l' Enseignement Supérieur) の具申に基づいて、国民教育省が認可した大学によって交付されると定めている。

また同省令第三条によれば、この課程の設置には、設置を希望する大学の運営評議会 (Conseil d' Administration de l'Université) が、教育内容、教育方法、知識・適性の審査、学生指導、実習、および就職を確保するための実業界との協力関係などに言及した申請書類を提出することが必要があること、設置認可は最長四年間有効であること、更新は可能であるが、その場合には、あらためて設置申請をしなくてはならないこととされている。

大学科学・技術免状取得コースの修学年限である二年間に、二〇〇〇〜一四〇〇時間の教育が行われねばならず、うち職業関係の教育が二五%以上を占めなくてはならない(同省令第四条)。

一九九六―九七年学期には、一〇三の大学科学・技術免状取得コースに四二〇八人の学生が在籍し、一九九七―九八年学期には一〇二のコースに四一五二人が、翌一九九八―九九年学期には一一一に四四一四人が学んでいる(国民教育・研究・技術省計画開発局ジェルヴェ氏提供の資料による)。

当該コースへの入学に際しては、筆記試験、書類審査、あるいは面接による選考が行われる。大学一年次当初から入学することが可能であるが、そうした例はまれで、学生が大学一般教育課程での勉学を経験してからも入学できるよう配慮が施されている。いくつかの大学では、早期の進路選択によって生じる危険を回避するために、大学科学・技術免状取得コースの入学者に対して一般教育修了免状取得コースにも登録するよう勧めている。

大学科学・技術免状取得コースの専門領域は極めて多岐にわたる。情報科学、品質管理、医療、環境、法実務、企業経営、財務、マルティメディア・コミュニケーション、文化活動、出版、ホテル・観光業、スポーツ・運動などほとんどすべての職業分野で活動する人材の養成が行われている。

このコースの特色の一つは、設置にあたって大学が地域の労働市場が必要とする領域の職業人を養成することにある(例えば、英仏海峡に面する海港都市カレーに位置するカレー大学の場合、沿岸環境開発関係技術者の養成を目指す教育が導入されている) (Le Nouvel Observateur 1999: 43-4.)。この地域密着型の形態は、「出口論」の観点からするならば、地域の産業界の支援を受けて有効に機能することが期待されるが、当該地域を除けば需要が少ない専門家を養成するということになりかねない。

大学科学・技術教育免状取得者の就職状況は、一般論として言えば、技術短期大学部修了者、あるいは上級技能者免状取得者と競合しない地域、ないし分野においてのみ(例えば、スポーツ・健康関連分野、医薬販売分野)良好であるという傾向がある。

さらに、他の短期高等教育課程においてもみられる現象であるが、大学科学・技術免状取得者の多くが長期高等教育機関で勉学を継続することである。かれらの進学先は、実務教育を中心に据えた科学・技術メトリーズ課程、経営系情報科学メトリーズ課程、専門職業教育大学などが代表的である。

5　結びに代えて――短期高等教育の課題

フランスの短期高等教育は、「普通教育型」短期高等教育と「職業教育型」短期高等教育が並立する形で展開されている。前者は、長期高等教育と結びついた大学第一期課程の大学一般教育修了免状の取得を目指す教育において、またグランド・ゼコール準備級において行われ、後者は、上級技能者養成課程、技術短期大学部、大学第一期課程に置かれた大学科学・技術免状取得コースが主として担っているが、本稿は「職業教育型」短期高等教育を考察の中心に置いて叙述してきた。

「職業教育型」短期高等教育は第二次産業、第三次産業における中堅幹部養成を目的とする実務的教育に主眼が置かれている。そしてその教育は、科学技術の進歩と多様化に伴って生じる様々な要請に対応すべく、多岐にわたる専攻分野に及んでいる。時代の要請に敏感に反応しつつ専門職業教育の場を提供しているのが、短期高等教育の一つの特徴である。こうした短期高等教育が労働市場において一定の評価を受けているのも事実であり、短期高等教育修了者の就職率は、長期高等教育修了者に比べて決して遜色はない。

しかしながら、フランスにおいては教育が単に「教育」ではなく、職業資格水準という社会的ルールを強烈に意識して営まれているという現実をふまえ、短期高等教育の位置を定める必要がある。

フランスは近代国家のなかでも、最も職業資格制度が発達した国家であり、その職業資格制度は、教育制度の各階梯において実施されている教育水準と不可分の関係にある。つまり、フランスでは多様な職業資格がそれぞれの教育水準での教育訓練を通して取得され、その職業資格に応じて就業可能な職業の範囲――また職業上の地位までもが――が明瞭に区分されているのである。この職業資格と教育水準との結びつき――各種の学位、免状、資格などの取得およびその教育水準――を示す指標が教育・資格水準（niveau）である。教育・資格水準には七つの水準がある。水準Ⅰは大学第三期課程あるいは同等の訓練を通常必要とする職業の従事者が、水準Ⅱには大学第二期課程、技師学校あるいは同等の訓練を必要とする職業の従事者が該当する。水準Ⅰに該当する教育免状は博士号、研究深化学位、高等専門研究学位などであり、水準Ⅱにはリサンス、メトリーズなどが該当する。本稿で考察した上級技能者養成課程、短期大学部、および大学科学・技術免状取得コースも含めた大学第一期課程の教育と、それに対応する免状は、教育・資格水準においてはⅢに位置付けられている（日本労働研究機構、一九九三、五頁）。

職業教育型短期高等教育は、教育・職業水準という観点からすると、就学生の期待に応えにくくなっている。他の先進国同様、高学歴化、高等教育の大衆化が進行するフランスにおいて、第Ⅲ水準の資格は職業生活を送る際に「最低限」の水準とみなされようとしている。このことは、もっぱら職業教育型短期高等教育機関に就学する学生に、機会あらば第Ⅱ水準以上の資格を与える上位の教育機関――それらは長期高等教育機関なのであるが――に向かうよう誘う要因となっている。職業教育型短期高等教育の修了者の間で、学業を継続する割合が増加していることは、この事情を説明している。さらに、基本的には理念的、学術的教育に中心を置く大学の第二期課程、第三期課程において実務教育・職業教育に重点を置く教育が導入されてきている(経営科学メトリーズ、専門職業大学、高等専門研究学位課程など)ことも、その状況に拍車をかけている。

さらに、次の点に注目したい。職業教育型短期高等教育機関への進学者は、長期高等教育への進学者が減少傾向にあるにもかかわらず、微増状況にある。だが、この現象は、大学第一期課程から第二期課程への進学が容易でない――第一期課程の教育をクリアできずドロップ・アウトしてしまう学生は、一九九八―九九年学期は第一期課程在籍学生の三五％に上る――ことから、若者が職業教育型短期高等教育をまず目指し、少なくともそこで第Ⅲ水準の職業資格を手に入れ、その上で大学第二期課程(あるいは同等のレベルの教育機関)へと進学するという、「迂回路」としての職業教育型短期高等教育への就学が指摘されるのである。

こうした状況を脱する方法が模索されている。一つは、バカロレア十二年の短期高等教育にさらに一年程度の「専攻科」を設置し、専門性、実務能力のいっそうの向上を図る教育が行われている(技術短期大学部の専門技術免状の交付などはその好例である)。また、ヨーロッパ統合の一環として提案されている、学位あるいは職業資格のヨーロッパ・スタンダード化の動きのなかで、短期高等教育の社会的意味を位置付けようとする試みも進行している。

これまで、職業教育型短期高等教育を中心に、フランスの短期高等教育の現状を述べたが、それがわが国の今後の短期高等教育の発展に示唆する点を最後に指摘しておきたい。

まず、フランスの職業教育型短期高等教育が、二年間で完結する徹底した実務的職業教育を展開していることである。そうすることによって、専門職業人としてのファーストステージを短期高等教育が担っている。しかも、そこでの教育においては、社会的要請を受け止め、多岐にわたる専門領域が設定されており、第二次・第三次産業を中心に、細分化された職種の専門職業人養成を目指している。そしてこの専門領域の多様性のゆえに、それぞれの短期高等教育機関で実践される人材養成は、ある特定の専門領域に特化することとなっている。

また一方で、少なくともそこに学ぶ学生が、職業教育型短期高等教育を、主として実務型長期高等教育の第一段階とみなす傾向が明らかである。この事実は、別の見方に立てば、学生からは、長期高等教育のファーストステージと位置付けた教育の展開が短期高等教育に要請されていることを示している。

さらに、次の点も指摘しておこう。技術短期大学部がその好例であるが、フランスの事例では、職業教育型短期高等教育が、生涯学習の主要な柱の一つである社会人の再教育の一つとして位置付けられていることである。

このように、フランスの職業教育型短期高等教育は、専門職業人養成のファーストステージ、長期高等教育への第一段階、生涯学習における社会人再教育という三つの機能を備えている。わが国の短期高等教育の将来を展望する際、これらの機能の吟味ないし再吟味は有益であると思われる。

引用文献(引用順)

- 柏倉康夫、一九九六年、『エリートの作り方――グランド・ゼコールの社会学』筑摩書房。
- Ministère de l'Education Nationale, de la Recherche et de la Technologie/Direction de la Programmation et du Développement, *Repères, Références, Statistiques sur les enseignements, la formation et la recherche*〔*RERS*〕.Edition 1997, 1998, 1999.
- Manceau, C., 1999, *Bien choisir son Ecole d'Ingénieurs*, l'Etudiant.
- Mandry, Ph., 1999, *Bien choisir son Ecole de commerce et sa filière d'économie-gestion àla fac*, l'Etudiant.
- フランス行政担当者協会(小野田正利訳)、二〇〇〇年、『フランスの教育制度と教育行政』大阪大学人間科学部。
- Wolski-Quéré, M, 1999, *Bien choisir son BTS ou san DUT*.
- Le Nouvel Observateur, 1999, *Le vrai guide des dip1ôme, Atlaseco 1999-2000*.
- 日本労働研究機構、一九九三年、『フランス教育制度と教育参入』日本労働研究機構。

参考文献

欧文文献

- Auduc, J.-L. et J. Bayard-Pierlot, 1999, *Le système éducatif francais*, 5 d, Créteil.
- Azoulay, G., 1999, *Que faire après un BTS, DEUG, DUT*, l'Etudiant.
- Ministère de l'Education Nationale, *Recueil des Lois et des Régles de l'Education Nationale*.

・———, *Effectifs dans les Instituts Universitaires de Technologie Année universiaire 1998-1999* (*tableaux statistiques*).
・ONISEP, 1998a, *Les brevets de technicien supérieur, tertiaires/ arts/ santé* (collection diplômes).
・———, 1998b, *Les brevets de technicien supérieur, industriels* (collection diplômes).
・———, 1999a, *DUT Les diplômes universitaires de technologie.*
・———, 1999b, *Après le BAC, guide 99 des études supérieures.*
・Perie, R. et J. Simon, 1997, *Organisation et gestion de l'Education nationale.*
・Rouet, G. et S. Savontchik, 1996, *Dictionnaire pratique de l'enseignement en France, de la Maternelle au Su-périeur.*
・Université Claude Bernard Lyon I-Institut Universitaire de Technologie, *Département de Chimie/Informatique/ Gestion des Entreprises et des Administrations/Génie biologique/Génie chimique/Génie des procédés/Génie civil.*
・Université Lumière Lyon II, *Les formations l'Université Lumiére Lyon II 1997-1998.*
・Université Lumière Lyon II-Institut Universitaire de Technologie, *Le choix de l'alternance, Département Organisation et Génie de la Production/Gestion des Entreprises et des Administrations/Gestion Logistique et Transport.*
・*Le Guide des Etudes Supérieures 1997* (*L'Etudiant, hors-série*).

邦文文献

・大嶋誠、一九九八年、「フランスにおける大学院制度(修士課程について)」『学位研究』第八号。
・在日フランス大使館広報部、一九九七年、「フランスの教育」『フランス便り』八五・八六号。
・高橋昇、一九九七年、「フランスにおける高等教育は蘇るか」『三田評論』八・九月号。
・藤井佐知子、一九九三年、「教育と選抜制度」宮島喬他編『フランスの社会』早稲田大学出版部。
・フランス教育課程改革研究会、二〇〇〇年、『フランス教育課程改革 Documents(資料集)』(一九九七〜二

〇〇〇年度文部省科学研究費補助金基礎研究〈B〉〈1〉課題番号09410075、中間報告書)。

(大嶋　誠)

結章　短大からコミュニティ・カレッジへ

1　政策課題に「コミュニティ・カレッジ」が登場

二〇〇一年六月、文部科学省は経済財政諮問会議に対して、『大学を基点とする日本経済活性化のための構造改革プラン――大学が変わる、日本を変える――』（以下、『構造改革プラン』）を提出し、公表した。このプランには、『大学（国立大学）の構造改革の方針』とともに出されたもので、「競争と評価を通じ国公私立を問わず『トップ三〇』の大学を世界最高水準に引き上げるための重点投資」の提起が含まれており、その点に世間の注目が集中した。しかし、本書の文脈でいえば、より重要な高等教育政策変更の兆しを含むものになっている。それは、このプランにコミュニティ・カレッジという概念が使われたことである。

このプランの構成は、Ⅰ世界最高水準の大学作り、Ⅱ人材大国の創造、Ⅲ都市・地域の再生となっており、Ⅱの「人材大国の創造」の中で、①世界に通用するプロフェッショナルの育成、②社会・雇用の変化に対応できる人材の育成が掲げられている。そして、②の施策の一つとして「大学の社会人キャリアアップ百万人計画」の推進が挙げられており、e-ユニバーシティ、サテライト・キャンパス、社会人向けの短期集中プログラムの整備と並んで、コミュニティ・カレッジの記述がみられる。

さらに、同年九月に経済財政諮問会議において、実施の責任ある各担当省庁において、どのように具体化され、どのようなタイムテーブルで実施されるかを示すために策定され「改革工程表」では、二〇〇二年三月までに措置する事項として、「短大の社会人の再教育等に柔軟に応える機能（いわゆるコミュニティ・カレッジ）を強化（地域総合科学科の設置の推奨等）する」が盛り込まれた。

ここで推奨されている「地域総合科学科」とは、日本私立短期大学協会などで検討されてきた、特定の分野に限定せず、地域の多様なニーズに柔軟に応じることを目的とした新しいタイプの学科で、次のような特色をもつという。

① 多彩な科目とコースの展開（分野を特定せず、学生のニーズに対応して、多様な科目を開設。また、半年から二年まで様々な期間設定のコースを展開。）

② 科目・コースの柔軟な選択（準学士を目指した二年コースの履修のほか、科目単位の履修や、複数の短期コースの組み合わせによる履修等、柔軟な履修が可能。）

③ 多様な履修形態（サテライト教室の実施、夜間コースの開設等のほか、パートタイム学生の受け入れ等により、多様な履修形態を提供。）

④ 社会人の積極的な受入れ（柔軟なコース選択と多様な履修形態の提供により、社会人の受け入れを積極的に推進。）

⑤ 適格認定による質の保証（第三者機関〈基準協会〉による適格認定によって、地域総合科学科としての特色と教育の質を保証。）

このように、地域総合科学科の構想を例として、短大の社会人の再教育等に柔軟に応える機能を「コミュニティ・カレッジ」としてとらえ、その強化を図ろうとする政策が登場してきたのである。

もちろん、これまでも、生涯教育関連の政策上、短期大学が俎上に上ることはあった。特に、一九八一年年の中央教育審議会答申『生涯学習について』では、「短期大学教育の活用」として、

「短期大学は、高等教育の機会の拡充に寄与しており、その地域的な分布状況から見ても、四年制の大学に比べ、より一層地域社会において効果的な役割を果たしやすいと言える。

したがって、短期大学の教育内容については、四年制の大学の専門分野構成の型にとらわれずに、地域の要請に応ずるものとしたり、あるいは専門的職業教育や一般教養的なもので短期大学としての特色を生かした内容のものを取り入れるなどして、成人がより広く活用し得るような方向を目指すことが望まれる。

また、地域の社会教育機関等と協力して公開講座を行うなど、地域住民のために短期大学を積極的に役立てることが望まれる。

特に、短期大学の専攻科・別科を、職業に就いている者が新しい専門的・職業的技術や知識を学ぶための場として活用することも考慮すべきである」

と、コミュニティ・カレッジの語こそ用いていないが、内容的にはそれに通じる提言を行っている。

しかし、このころから日本は一八歳人口の急増期に入り、当時の短期大学がこの提言の方向に動く余裕もなかったし、具体的な政策がこれを後押ししたわけでもなかった。そして、その後の政策では、この提言にみられた短期大学の固有性への着目は、むしろ後退したといってよい。例えば、一九九〇年の中央教育審議会答申『生涯教育の基盤整備について』では、社会人の受け入れ、公開講座の開催、図書館、体育館、運動場等施設の開放といった地域住民への学習機会の提供や、「生涯学習センター」の開設の奨励が盛り込まれていたものの、これらは、大学・短大などとされる大学・短期大学・高等専門学校・高等学校や専修学校全般に関する提言であった。また、生涯学習審議会の一九九六年答申『地域における生涯学習機会の充実方策について』でも、「社会に開かれた高等教育機関」として大学、短期大学、高等専門学校、専門学校が一括して扱われており、短期大学の固有性を認識しての提言とはなっていなかったのである。

2　アメリカのコミュニティ・カレッジ

1　規模と学生層

そして、ようやく、短期大学の固有性を適格に表現するものとして、コミュニティ・カレッジの概念が登場したのである。ではそこでいう「コミュニティ・カレッジ」とは何なのか。その概念が内

図表結-1　日米の大学規模の比較　（学生数の単位は千人）

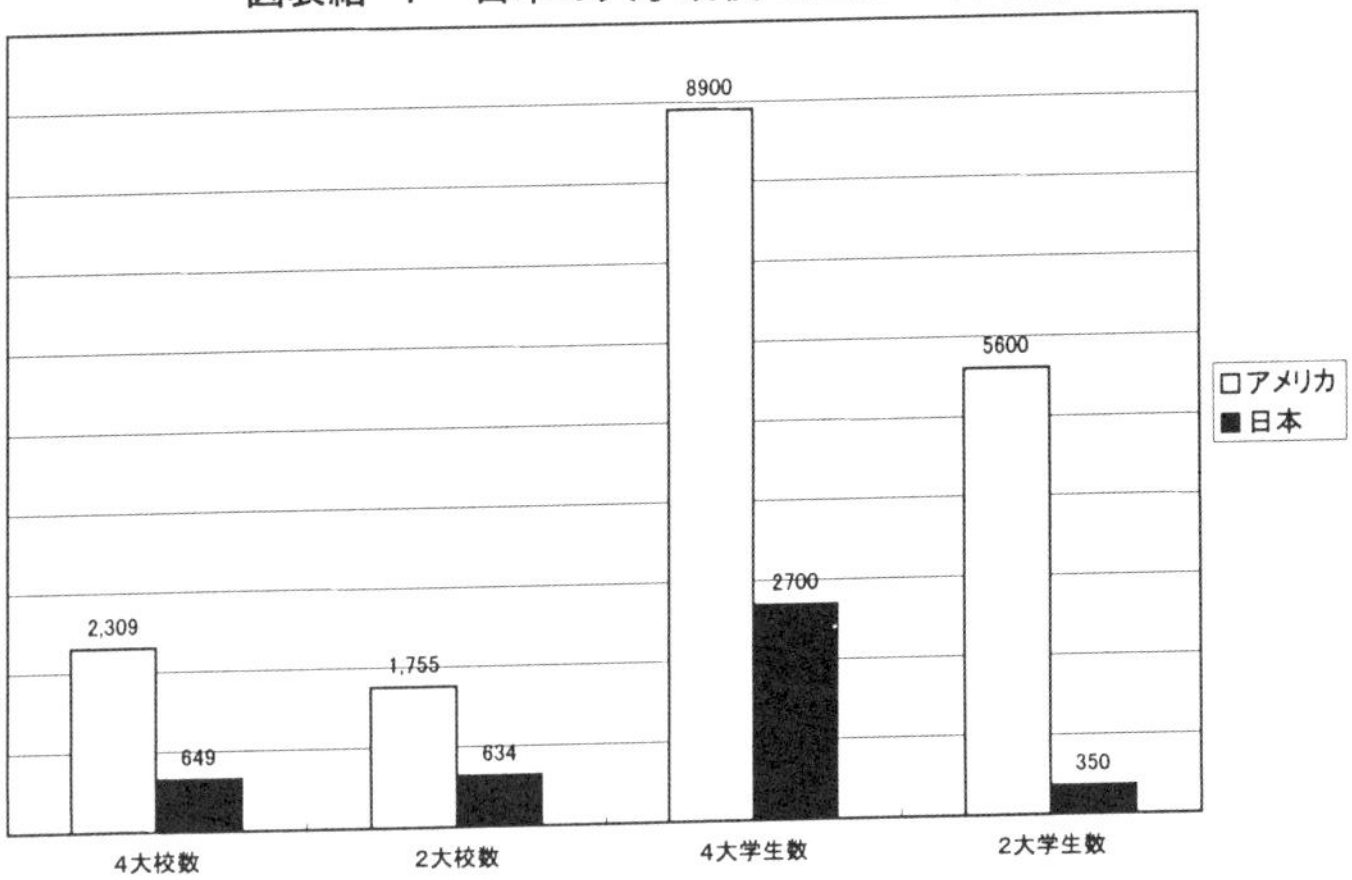

注：アメリカ 1997 年、日本 2000 年。
出典：文部(科学)省「学校基本調査」および U. S. Department of Education, *Digest of Education Statistics* より作成。

包する意味を考える上では、その語源であるアメリカのコミュニティ・カレッジが何なのかを知らなければならない。アメリカでは、日本の短期大学に当たる機関の名称は様々であり、その詳細は本節3で示すが、コミュニティ・カレッジの語は、一般的には二年制大学、つまり短期大学の総称として使われ、狭義にはその内の公立機関を指して用いられている。したがって、コミュニティ・カレッジを知るには、アメリカの二年制大学を検討する必要がある。

まず、**図表結-1**はアメリカと日本の四年制大学と二年制大学の規模を比較したものである。これによると、学校数では四年制大学でアメリカは日本の三・五倍、二年制大学では二・七倍で、日本の人口はアメリカの約半数であり、国土は狭いことを考えるとそれほど差はないようにみえる。ところが学生数に関してみると、四年制大学で、

図表結-2　アメリカの学生の年齢別・修学形態別学生数　（1997年）

	四年制大学	割合（%）	二年制大学	割合（%）
全体	8,896,765	100.0	5,605,569	100.0
18歳以下	138,047	1.6	215,221	3.8
18、19歳	1,869,739	21.0	1,098,901	19.6
20、21歳	1,869,764	21.0	857,883	15.3
22～24歳	1,581,792	17.8	723,027	12.9
25～29歳	1,343,961	15.1	782,449	14.0
30～34歳	675,863	7.6	532,385	9.5
35～39歳	486,654	5.5	449,550	8.0
40～49歳	642,424	7.2	586,497	10.5
50～64歳	185,344	2.1	222,027	4.0
65歳以上	18,684	0.2	60,728	1.1
不明	85,488	1.0	76,901	1.4
フルタイム	6,342,891	71.3	2,095,171	37.4
パートタイム	2,553,874	28.7	3,510,398	62.6

出典：U. S. Department of Education, *Digest of Education Statistics* より作成。

アメリカは日本の三・三倍であり、二年制大学に至っては一六・九倍と比べものにならない数字となっている。

また、四年制大学では校数にして二七%が公立で七三%が私立、学生数にして六六%が公立で三四%が私立であるのに対して、二年制大学では校数では六二%が公立で三八%が私立、学生数で九六%が公立で四%だけが私立となっている。つまり、二年制大学に占める州をはじめとする公的な関与は、四年制大学に対するより強いことになる。ちなみに、日本の場合、学生数の占める国公立の割合は、大学で二六%、短大ではわずかに九%である。

アメリカの学生数は総数で一四〇〇万人を超えるが、新入生の二分の一は二年制大学の学生である。そして、**図表結-2**のように、アメリカの学生の年齢分布は、四年制、二年制ともに極めて広いものになっている。四年制大学の数字は大学院の学生なども入れている数なので大雑把ではあるが、とにかく三八・七%

図表結-3　アメリカの18歳人口と短大学生数

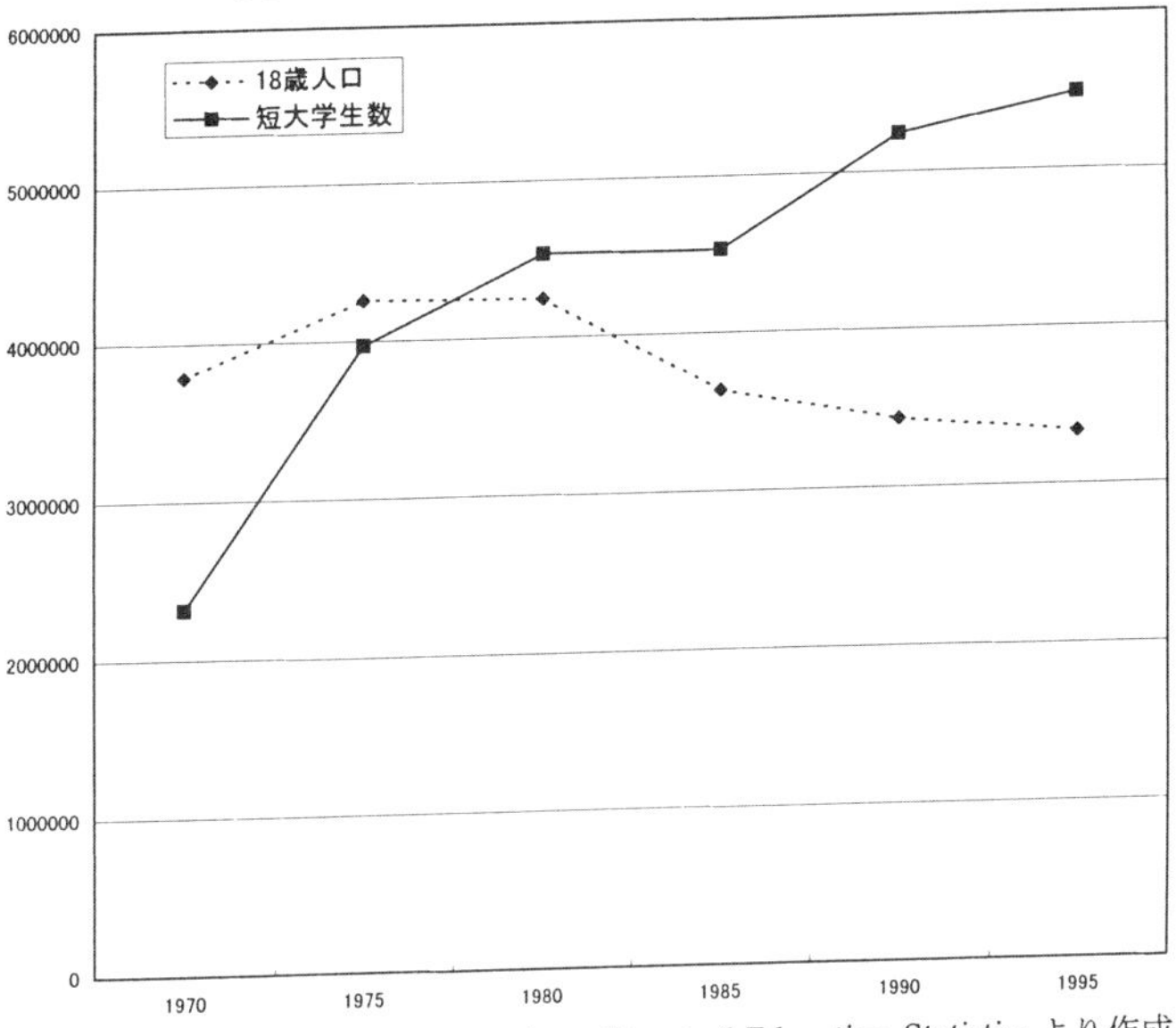

出典：U. S. Department of Education, *Digest of Education Statistics* より作成。

の学生が二五歳以上である。ところが、二年制大学では、二五歳以上の学生の比率はさらに高く、四八・五％にもなる。また、就学形態では四年制大学ではフルタイム学生七一％でパートタイム学生が二九％なのに対して、二年制大学では前者が三七％、後者が六二％と、二年制大学のほうがパートタイム学生の比率が高い。アメリカの大学は、若者だけではない、社会人のための教育機関であり、その傾向は短期大学の方が強いのである。

なお、このことと関連して、アメリカの二年制大学は、かつての一八歳人口減少期にも、学生数を減じることなく、むしろ拡大した実績をもっている。

図表結-3は、一九八〇年代から九〇年代前半にかけてアメリカの一八歳人口が四二〇万人台から三三〇万人台まで減少した時期に、学生数は逆に四五〇万人台から五五〇万人ちかくまで増加したことを示している。もちろんこの間に高校卒業直後の進学率は増加したものの、その絶対数では減少した。この増加は、いわゆる社会人学生の増がもたらしたものなのである。

2　機能と位置付け

では、アメリカの短大は、どのような機能を担っているのか。一般に、その機能は編入教育、職業教育、コミュニティ教育に分類される。編入教育は、短大に期待された最初の機能であり、高等普通教育(一般教育)を主体とする大学前期の教育は四年制大学から切り離し、独自に実施する方が高い質の教育を提供できるという思想から始まった。アメリカの短大の嚆矢は一九〇一年創立のジョリエット・ジュニア・カレッジとされるが、そこで行われた教育はこの編入教育だったのである。大学同等プログラムとも呼ばれ、四年制大学の一・二年次に相当する教育課程を提供する。短期大学で編入課程を修了した者はアソシエート・デグリー(準学士)が授与され、四年制大学の三年次に迎え入れられる。短大卒業後すぐに進学する者もいるが、多くは、しばらく働いたり、旅行したりする。

アメリカでは学年の始期である秋学期だけで九〇万人以上が編入学しているが、その主流は短期大学出の準学士号取得者だといわれている。アメリカの準学士号取得者は毎年五〇万人程度である。カリフォルニア州のようにすべての高等学校卒業者はコミュニティ・カレッジに入学できるとして、そこから一定以上の成績の者に編入を保証している州もあれば、フロリダ州のように州立大学への進学を原則として高校からでなくコミュニティ・カレッジからとしている州もある。

職業教育は、アメリカでは編入教育より後れて短期大学の機能に加わり、第二次大戦後に拡大した。一九四七年の高等教育に関する大統領委員会の報告書『アメリカ民主主義と高等教育』(トルーマン委員会報告書)は、アメリカの短期大学の発展に大きな刺激を与えた。そこでは、民主社会の形成における教育の重要性が説かれるとともに、少なくとも二年間の大学教育の機会をすべての国民に提供するよう訴えた。そして、教育機会の拡大に公私にかかわらず、二年制大学が果たす役割が大きいとしたのである。

報告書は「教育機会の拡大と必要とされる教育提供の多様化を達成するための一手段として、本委員会はコミュニティ・カレッジ数の増加とその機能の多角化を勧告する。将来のコミュニティ・カレッジは、私立も公立もありえるが、その多くは公立になるだろう。コミュニティ・カレッジは視点を地域に置き、地域の管理するところとなろうが、それらは全州規模の総合的な高等教育システムの適合するよう、注意深く計画されなければならない」と述べ、編入プログラムだけでなく、短大の二年で完成する普通教育を重視した職業教育プログラムの強化を説いている。社会の高度化に伴い、農業、応用芸術、ビジネス、工業技術、流通産業、保健、アパレル、調理、家政分野で高い技術が要求されるようになり、二年制大学における職業教育は、それに応える形で発展した。そして、この分野でもアソシエート・デグリー(準学士)を出し、その水準を明示している。日本の短大は、「深く専門の学芸を教授し、職業又は実際生活に必要な能力を育成することをおもな目的とする」機関とされており、その性格付けは、アメリカの二年制大学のこの機能に近い。

第三の機能であるコミュニティ教育は、あらゆる地域の教育的、文化的サービス需要に応えるものである。これには編入教育と職業教育以外の雑多な機能が含まれている。時としてアメリカの短大は地域のカルチャーセンターや公立図書館の役割を果たしたりする。また、社会人が職業上あるいは生活上必要となる知識、技術の教育も提供する。それは準学士の職業教育プログラムとは区別され、その多くは単位認定にはつながらない。先のトルーマン委員会報告書では、コミュニティ・カレッジを地域の学習センターにするべきとする提案があり、第二次大戦後のコミュニティ・サービス発展の端緒となった。アメリカコミュニティ・カレッジ協会の資料によると、二年制大学には単位の修得を目指す学生が五〇二万人に対して、それとほぼ同数の五〇〇万人の単位外学生が学んでいる。合計、一千万人を超えるアメリカ人が、常時二年制大学で学習している計算になる。

通常、コミュニティ・カレッジと呼ばれる機関の場合、これらの三機能のすべて受けもつ場合が多いが、編入機能か職業教育機能化に特化したものも存在する。また、公立の場合、州内に大人が通学可能な範囲の学区を設定する地域配置が行われているのが一般的である。

なお、二年制大学の授業料は、二〇〇〇—〇一年度の平均額のデータでみると、四年制公立三五一〇ドル、私立一六三三二ドル、二年制で公立一七〇五ドル、私立七四五八ドルで、公私立とも四年制大学の半額程度となっている。

3 名称

最後に、アメリカの二年制大学の名称についてふれておきたい。日本では、短期大学の校名について短期と付す必要はないのではないかとの議論が起こっているが、それに対して、「アメリカでも必ずジュニアとかコミュニティの名称が冠されている」とか、「あくまでカレッジでありユニバーシティとはいわない」との反論がある。著者は、アメリカの短期高等教育機関の名称について調査し、それをタイプ分けして、それぞれの実数を把握し、さらにタイプごとの特徴について若干の考察を加え、所属機関の研究紀要に発表したことがある。

その際に分析に用いた資料は、アメリカ教育協会(ACE: American Council on Education)発行の『アメリカ短期大学総覧』(*American Community Colleges: A Guide*)第一〇版(一九九五年発行)である。この総覧には、アメリカ短期大学協会(AACC: American Association of Community Colleges)加入および加入資格保持の二年制大学一一八一校の、一九九三―九四年度のデータ掲載がされている。アメリカの中等後教育機関には種々のものがあるが、加盟に地域アクレディテーション協会の認定を必要とする同協会の会員校は、日本の短期大学に相当する機関の集団ということができる。

この資料に掲載されている機関の名称をタイプ分けして、それぞれの校数とその全体に占める割合を示したものが、**図表結-4**である。全短期大学一一八一校のうち、通常、アメリカの短期大学の一般的な名称を考えられているジュニア・カレッジは四八校(四%)と少なく、公立短期大学の名称とし

図表結-4　アメリカの短期大学の名称

名称			校数		割合	
カレッジ	ジュニア・カレッジ		48		4%	
	コミュニティ・カレッジ		499		43%	
	コミュニティ・テクニカル・カレッジ		12		1%	
	カレッジ（上記を除く）	テクニカル・カレッジ	491	97	42%	8%
		カレッジ（上記を除く）		394		33%
インスティテュート	テクニカル・インスティテュート		61	25	5%	2%
	インスティテュート（上記を除く）			36		3%
ユニバーシティ			27		2%	
スクール			26		2%	
アカデミー			8		1%	
その他			9		1%	
全体			1,181		100%	

て一般的なコミュニティ・カレッジ四九九校（四三%）、さらにコミュニティ・テクニカル・カレッジの一二校（一%）を加えた総計でも五五九校、四八%にとどまる。

もっとも、四年制機関では用いられない「テクニカル」を冠したものに、上述のコミュニティ・テクニカル・カレッジ以外にも、テクニカル・カレッジ（九七校、八%）とテクニカル・インスティテュート（二四校、二%）があり、それらを加えた場合の合計は、六八〇校、五八%になる。

一方、四年制大学と区別の付かない名称をもつものは、カレッジは三九四校（三三%）、インスティテュートは三七校（三%）、ユニバーシティは二七校（二%）、スクールは二六校（二%）、アカデミーは八校（一%）で、その他にセンター六校、テック二校、スタジオ一校の九校（一%）があった。

ジュニア・カレッジは短期大学の英語訳によく使われている名称であるが、実際の校名に使われているのは、上述の様に、短大全体の四%にしかすぎない。私立がジュニア・

カレッジで公立がコミュニティ・カレッジと称するという説もあるが、全数四八校の内私立は一八校で、私立の多くはただカレッジと称している。ちなみに、先に名前を出したアメリカ最古の短期大学であるジョリエット・ジュニア・カレッジは公立短大であり、現在でもジュニア・カレッジの名称を使い続けている。

コミュニティ・カレッジの名称をもつ機関については、管見では、すべてが公立であるが、公立短期機関がすべて公立のカレッジが、コミュニティを冠しているわけではない。例えば、カリフォルニア州は、研究大学群であるカリフォルニア大学、修士大学群であるカリフォルニア州立大学、二年制大学であるコミュニティ・カレッジの公立高等教育機関に明確な三層構造をもつことで有名であるが、一〇六校のコミュニティ・カレッジのうち、実際にコミュニティ・カレッジの名称をもつものは六校だけである。

3　日本の短大の特徴

1　準学士とアソシエート

この様に、アメリカのコミュニティ・カレッジは、日本の短期大学の将来像を考える上で極めて示唆的な内容をもっている。しかし、両者の間には、これまでの経緯や位置付けの点でかなりの違いもある日本の短期大学にコミュニティ・カレッジとしての機能を期待する上では、アメリカの二年制大学と違う、その特徴を理解してかからなければならない。

その第一が、日本の準学士とアメリカのアソシエートの異同である。高等教育段階の正規課程の修了者に授与される称号には準学士、学士、修士、博士がある。そのうち、後の三者は学位とされるが、準学士も、アメリカにおける対応の称号はアソシエート・デグリーであり、「デグリー」すなわち「学位」と考えていい。

それから、アソシエートは、アソシエート(準)・バチェラー(学士)ではないから、その日本語訳は「準士」である。準学士というのはアソシエートの直訳ではないのである。ところが、どういうわけか、アソシエート・デグリーは一般に準学士と訳されてきた。そして平成三年の法改正で法令上の称号名となった。

ところが、実際には準学士という名称は、日本の場合、この「学位」の性格を適格に表すものになっている。アメリカの場合、すでに紹介したようにコミュニティ・カレッジの教育課程には編入教育と職業教育の区別があり、編入教育の主体は普通教育である。それは、もともとアメリカの四年制の教育課程は普通教育と中心とした前期と、専門教育を中心とした後期に段階付けられるからであり、前期部分だけの修了は、後期まで含めた修了を示す学士に準ずるものではありえない。

これに対して、日本の短期大学の教育課程は、専門教育、教育とも四年制大学の二分の一ずつを基準として出発した。四年制の前期ということではないから、三年制も存在する。そこから、日本の準学士はアメリカのアソシエートとは異なる関係を学士との間でもつことになった。それは、学士課程が高等教育の基本を身につけさせる教育課程であるのに対して、準学士課程はその基本中のさらにコアとなる部分を集中的に身につけさせる課程であるという関係が生まれたのである。

学士課程が高等教育の基本であるためには、一般にカリキュラムとして基礎学習技能および自由学芸分野を広く学ぶ普通教育の要素と、特定の分野を深く掘り下げる専門教育の要素の組み合わせを用意する。このうち、専門教育としては、普通教育の構成要素である自由学芸分野の中の特定の学芸、例えば生物学、英語英米文学、経済学が設定される場合もあるが、職業分野、例えば経営、看護、工業が設定される場合もある。

そして、準学士はこれらの構成物のうち、さらにまとまりをつけられるだけの最小限の基礎から構成されることになった。先ほどの普通教育と専門教育がそれぞれ四年制大学の半分ずつという基準は、一九九一年の設置基準改正以降は多様な設定が可能となっているが、その本質は変わっていない。

しかし、ここで注意しなければならないのは、学士にしろ、準学士にしろ、それは、高等教育の基本を築く課程なのだということである。つまり、その教育には、準学士を含む学士課程でなければ身につけられない内容のものであるということである。まず、それは高等教育ではない中等後教育では身に付かない内容であるということであり、また、同じ高等教育でも、大学院レベルの教育では身に付かない内容であるということである。

中等後教育一般と区別された高等教育は、普通教育、専門教育の別なく、すべて学問的な要素をもつ。学士課程の場合、それは、外国語を含む言語能力、美的感応力、伝統と歴史的視野、社会と制度の理解、自然の理解と統御、職業に対する認識と態勢、アイデンティティの確立といった諸要素を統合的に身に付けることを意味する。

そして、通常四年ほどかかるこの展開にも、それぞれの端緒をつかむというコアの部分と、それを展開する部分とがある。学士課程の場合は、このコアはある程度前半に集中される場合が一般であるにしても、四年間全体の中に組み込まれる。一方、このコアの部分を集中的に教育課程化したものが、日本の準学士課程であり、このことが、日本の短期大学教育を生涯に渡る高等教育のファーストステージと位置付けるのにふさわしいものにしている。

2　私立を中心とした展開

さらに、すでにみたようにアメリカの二年制大学の主体が公立機関であるのに対して、日本の短期大学は私立を中心に展開してきた。一方、日本の短期大学は、国立はかつて最大で四一校あったが現在(二〇〇一年度)では一九校で、そのうち、独立のものは筑波技術および高岡の二校だけで、あとは大学付属の医療技術短期大学部である。後者に関しては、他の同種の機関が当該大学の四年課程に組み込まれていったことから、同様の改組が行われることが予想される。地方公共団体の設置する公立の場合も、最大で六三校が存在したが、現在の校数は五一校である。そして、私立も最大の五〇四校から現在では四八九校にその数を減じている。そして、廃止した短期大学の大部分が、四年制大学の学部や学科に改組されているのである。しかし、なお、日本の短期大学の中心は私立であり、校数にして八八％、学生数では九〇％を私立が占めている。

ここから、日本の短大はコミュニティ・カレッジとは根本的に異なるものだとする意見もあるが、コミュニティ・カレッジとしての機能を発揮することと、設置形態とは直接の結びつきをもたない。そもそも私立短期大学は、私立といっても、公益法人である学校法人が設立するものであり、利潤を追求する企業や私的個人とは違う公性をもっている。そこから、各種の税金の免除という形で公的支援を受けるとともに、私立学校振興助成法によって経常的経費の二分の一までの助成を受けられることになっている。後者の経常費補助は現在縮小傾向にあるが、同法の存在は、私立が高度に公的な機関であることの社会の認識を示すことになっている。そして、アメリカにおいても、公私の仕切りは文字通りのものではなく、例えば、オハイオ州では私立のリオグランデ大学に公立のリオグランデ・コミュニティ・カレッジの運営を託している。

日本の私立短大のうちにも、地域との深い結びつきのもとに運営されているものが多く存在し、コミュニティ・カレッジのコンセプトは、それらの短大の機能を拡大することに貢献するだろう。そして、今後、さらに多数の私立短大がその機能を果たすものとして発展することが期待できる。当然、公立の短大においてもこのコンセプトは、その位置付けを明確化することに役立つ。また、国立は数は少なくなってきているが、高岡短期大学という、そもそもコミュニティ・カレッジのコンセプトで作られた機関を有している。同校は、一九八三年に設立されたが、その学科構成が産業工芸学科、産業情報学科となっており、さらに二〇〇〇年度からはそれを産業造形、産業デザイン、地域ビジネスの三学科に改組している。この短大は、その建学の趣旨を「地域の多様な要請に積極的に応え、広く地域社会に対して開かれた、特色ある国立短期大学を目指すとともに、我が国の短期大学の今後の教育研究の改善に役立てる」としているのである。日本の短期大学がコミュニティ・カレッジとして発展する上で、設置形態上、私立が中心を占めるということは、何の障害にもならないのである。

なお、日本の短大は、準学士課程より上級の専攻科をもてる仕組みになっている。この専攻科での学習は、大学評価・学位授与機構の審査システムを通じて学士学位の取得へとつながる。アメリカのコミュニティ・カレッジの場合、州立の高等教育機関間の制度的な分業がはっきりしているので、そうした課程の設定は一般的には存在しない。この点で、日本の短期大学は、アメリカのコミュニティ・カレッジよりも、広い教育需要に対応できるものとなっているのである。

また、日本の短期大学がコミュニティ・カレッジとしての機能を拡大した場合に、どのような名称がふさわしいのかという問題がある。確かに現行では、学校教育法の第六九条の二で、当該機関は「短期大学と称する」と規定されてはいる。しかし、そもそも第一条「この法律で、学校とは、小学校、中学校、高等学校、中等教育学校、大学、高等専門学校、盲学校、聾学校、養護学校及び幼稚園とする」では、短期大学はこの規定の「大学」に含まれるのであり、校名に短期を付すまでを強制する必要はないのではないだろうか。先に紹介したアメリカにおける二年制大学の名称の状況などもふまえ、今後検討が必要な課題である。

4　短期大学は制度改革の先頭に立つ

1　修了年限が短いことの利点

短期大学が、生涯にわたる高等教育のファーストステージの提供者であることを鮮明にし、コミュニティ・カレッジのコンセプトにその将来像を見据えるに従って、その制度としての利点が明らかになってくる。

先に紹介したように、一九八一年の中央教育審議会答申『生涯学習について』では、「短期大学教育の活用」として、「短期大学は、高等教育の機会の拡充に寄与しており、その地域的な分布状況から見ても、四年制の大学に比べ、より一層地域社会において効果的な役割を果たしやすいと言える」と指摘した。また、大学審議会の短期大学および高等専門学校のあり方に関するワーキンググループが二〇〇〇年一一月に総会に対して提出した審議経過報告では、短期大学には、「修業年限が短期間であること、地方分散型、地域密着型という特色がある」と指摘し、「……今後一層生涯学習需要が高まり、高等教育機関は、幅広い年齢層の学習需要にこたえていくことが必要となっている。特に、短期大学は地域に密着した身近な高等教育機関であるという特徴を生かして、幅広い生涯学習需要にこたえていくことが期待されている」と述べている。

このように、短期大学については、地域分布がその特徴として指摘される傾向にあるが、最も大切な点は、ワーキンググループの指摘の第一にあるが、それ以上の説明をしていない修業年限の短さである。短大の価値の一つは、二年でとにかく様々な専門分野の高等教育のコアの部分を身に付けることができる点にあり、その先の選択肢は多様である。学士を取るにしても、段階が区切られるので、四年制大学に入学して中退という形を取ることなく、二年区切りで勉強ができる。

さらに、大学運営の側からみると、計画した課程とかコースとかは二年間という短期で完了するということを意味する。四年制大学では一度立てたプログラムは少なくとも四年間は維持しなければならないので、短大の方が種々変化への対応が素早くできる利点がある。もちろん設置認可にかかわるような改革はそう短期のサイクルではできないが、そもそもの組織形態を柔軟なものにしておけば十分可能であり、その一例が、本章の冒頭で紹介した「地域総合科学科」の構想である。とにかく、短期大学は、今日求められている種々の制度化改革の先頭に立てる存在なのである。

2　「パートタイム」学生の制度化

その事を如実に示すことになったのが、「パートタイム」学生の制度化における、短期大学への期待である。正規の学位課程の学生としてのパートタイム就学の制度化は、仕事や家事の負担からフルタイムでの就学が困難な社会人にとって必須の課題であり、現在、中央教育審議会大学分科会で審議が進められている。そして、二〇〇一年一二月には、そのことを含む『大学等における社会人受入れの推進方策について』の中間報告が示されたが、そこでは、「長期履修学生（仮称）の多様な学習需要に対応し、大学における学習機会をできるだけ拡大する観点から、当該学生は、大学院、大学(学部)及び短期大学のいずれにおいても、それぞれの学校の判断により受け入れることができることとすべきである」として上で、特に短期大学については、「例えば、短期大学において、社会人を含めた地域の学習需要に応えるために、多様な教育を総合的に提供する学科等を設け、長期履修学生(仮称)を積極的に受け入れることも一つの方法である」と言及しているのである。

なお、ここでパートタイム学生という用語でなく、「長期履修学生(仮称)」が用いられているのは、日本ではパートという用語が、フルタイムに対する対語としてではなく非正規社員という意味で使われていること、また、これまでの政策用語としても科目等履修生制度に対してパートタイムの語を用いたこともあるなどの配慮からである。

3　単位制度の趣旨の徹底と本物のシラバス、

「パートタイム」学生については、新しい制度の導入の問題であるが、すでに提起されている改革課題についても、短期大学の利点を活かすことができる。その一つは、単位制度の趣旨の徹底であり、それに関連する本物のシラバスの確立による教育力の強化である。

つまり一単位が四五時間分の学習というのは、ウィークデー五日は一日八時間と土曜日五時間の合計で一週間分の標準的な学習時間に当たる。そして、一五週を一学期とする場合なら、一学期の標準的な修得単位数は一五単位となる。したがってこの単位制度に基づくならば、例えば二単位の講義科目の場合、一週二時間の教室での授業に対して四時間の自習が伴わなければならない。そして、この自習時間が予習、復習や課題の遂行に使われることによって、教室授業がインターアクティブなものとなる。これは講義科目の場合であるが、演習にしろ、実験、実習にしろ、一単位当たり一週間分の充実した学習を成立させることによって、本来大学教育に必要な深さをともなった学習が展開できる。

シラバスはこうした予習や課題が遂行できるように必要な指示や学習資源の所在を示した授業の設計図である。したがって、現在一般化しているような、単に毎回の題目を書き連ね一ページものではなく、少なくとも一科目に数ページ必要となる。その一方で、なにも半年も前に提出させて電話帳のように大金をかけて印刷物にする必要はなく、授業に間に合わせてハンドアウトを用意し、当該科目の履修予定者に配布すればよい。科目の選択に必要な情報提供のためには、科目の趣旨など簡潔に記述した一覧を別に作成すればよいのである。

そして、こうした単位制度の趣旨の徹底と、本格的なシラバスの作成は、教育課程を柔軟なものにすればするほど、一科目ずつの授業の重みが増すことが、重要な意味をもってくる。

さらには、一つの科目の規模を、現在の主流である二単位科目からより大きな単位の科目にすることも検討されてよい。なぜなら、大学教育にふさわしい体系性と深さをもつ内容を二週間分の学習量で用意するのは一般的には困難であり、アメリカでは一学期に三単位又は四単位科目を標準とされている。とにかく、先に単位数があるのではなく、内容に応じて必要な学習量からその科目に必要な単位数が設定されるべきなのである。

ちなみに、一科目を三単位科目で用意すれば、一学期に標準的に履修すべき一五単位程度の修得には、同時に五科目の履修ですみ、一日当たり一科目に集中した学習ができる。また、科目の単位を大きくすることは、教室授業に出席できる日数が制限されることが一般である社会人にも適合的であることから、コミュニティ・カレッジとしての機能の拡大を目指す短期大学にとっては、ぜひともその導入を検討する必要がある事柄なのである。

4　三学期制度の取り入れ　秋学期入学も射程に入れる

さらには、一九九一年のいわゆる置基準の大綱化の折に、せっかく「セメスター制」が推奨され、かなりの大学で取り入れられるようになったにもかかわらず、必ずしもその趣旨が活かされた改革になっていないという問題がある。ここでのセメスター制度とは、セメスターの本来の半年学期という意味で使われたのではなく、通年でなく学期で授業が完結する学期制度の意味で使われた。アメリカの場合は、通年授業というのは一般的ではないため、セメスター制度は通常一学期一五週の二学期制を意味し、一学期一〇週で三学期制のクォーター制、一学期一五週で三学期制のトライメスター制などさまざまな学期制に対していうものである。

この学期制の推奨は、授業の充実という視点から推奨されたものであったが、その実態は、通年四単位で実施していたものをただ二つに割って二単位科目化するということを結果したばかりか、必ずしも気候的に適切でない時期に授業期間を設定するという弊害を生んでしまった。つまり、日本では設置基準で一学期は一〇週、三学期又は一五週、二学期で構成されることとされており、多くの大学、短大は後者を採用している。すると一学期、一五週の授業展開には試験などの期間をいれほぼ四カ月を必要とする。日本では、四月に学期が始まるので、四、五、六、七月までが授業期間となり、八月になってようやく夏休みに入るということになる。これでは、本当に暑い時期に勉強を強いて、夏休みに入るとすぐ立秋となり、実質は秋に長い休みを取っていることになる。

なぜアメリカでは、このセメスター制が定着しているかというと、九月始業なので、九、一〇、一一、一二月又は一月で一学期が終わり、一、二、三、四月あるいは二、三、四、五月が二学期、そして五、六月には夏休みが来ることになる。これにより一五週、一学期が合理性をもつのである。日本のように「先に一五週ありき」ということで学期完結型の改革には相当な無理があったのである。

そうした弊害を取り除く一つの手段は、設置基準が予定している三学期制を取り入れることである。一学期一〇週の三学期制なら、一学期は三カ月なので、四月が始期でも春学期(四・五、六月)、七、八月を夏休み、秋学期(九、一〇、一一月)、冬学期(一、二、三月)という具合に、合理的な学期を組むことが可能となる。そして、アメリカを始めとする九月を始期とする世界の大学制度とも、教育や研究交流がずっと円滑にできるようになる。

特に、コミュニティ・カレッジ機能の充実を目指す短期大学にとっては、この学期制度は大きなメリットをもっている。なぜなら、この三学期制度は、アメリカでクオーター制度と呼ばれているものでも、そもそも、勉学開始の時期を増やし、一学期の期間を短縮することによって、社会人の勉学にも適したものとして考案されたものだからである。さらに、この学期制度の名称であるクオーター（四分の一）が示しているように、この学期制度では、むしろ夏休み期間にこそ勉学時間の取れる社会人に適した夏休みに当たる期間を第四学期として設定することができるのである。

このように、すでに課題として提示されていながら、本格的な取り組みにいたっていない種々の仕組みについても、短大からコミュニティ・カレッジへという文脈のもとに、再度、その意義を確認しつつ、改革を進めていく必要があるのである。

（舘　昭）

参考文献

欧文文献

・Chronicle of Higher Education, 2000, *Tuition Rises Faster Than Inflation*, October 27.

邦文文献

・高鳥正夫・舘昭編、一九九八年、『短大ファーストステージ論』東信堂。
・舘　昭、一九九七年、『大学改革　日本とアメリカ』玉川大学出版部。
・――――、一九九九年、「アメリカにおける短期大学の名称について」『学位研究』第一一号。
・――――、二〇〇一年、「米国における高等職業教育の成功」青木昌彦他編『大学改革　課題と争点』東洋経済新報社。

人名・事項索引

【サ行】

【タ行】

【ラ行】

執筆者一覧（執筆順）　　◎印編者

	関根　秀和（大阪女学院短期大学）	緒　言
◎	舘　　昭（大学評価・学位授与機構）	序　章・第一章・結　章
	吉本　圭一（九州大学）	第二章
	小林　雅之（東京大学）	第三章
	北村久美子（育英短期大学）	第四章
	清水　一彦（筑波大学）	第五章
	溝上智恵子（図書館情報大学）	第六章
	佐藤　弘毅（目白大学）	第七章
	吉川裕美子（大学評価・学位授与機構）	第八章
	大嶋　誠（大分大学）	第九章

編者略歴

舘　昭（たち　あきら）

1948年、東京生まれ。

1972年、東京大学教育学部卒業、1977年、同大学院博士課程満期退学。

奈良教育大学助教授、放送（現：メディア）教育開発センター助教授、学位授与機構審査研究部教授を経て2000年より大学評価・学位授与機構評価研究部教授。

現在、短期大学基準協会理事、中央教育審議会大学分科会専門委員、文部科学省独立行政法人評価委員会学校教育部会長。

〈主要著作〉『現代学校論――アメリカ教育システムのメカニズム』（放送大学教育振興会、1995年）、『大学改革　日本とアメリカ』（玉川大学出版部、1997年）、『転換する大学政策』（編著、玉川大学出版部、1995年）、『子供観』（共著、放送大学教育振興会、1995年）、『アメリカの大学・カレッジ』（共訳、玉川大学出版部、1996年）、『大学評価の理論と実際』（共訳、東信堂、1998年）、『大学個性化の戦略』（共訳、玉川大学出版部、2000年）など。


短大からコミュニティ・カレッジへ―飛躍する世界の短期高等教育と日本の課題―

2002年 3月25日　　初　版第一刷発行　　〔検印省略〕

＊定価はカバーに表示してあります

編者 © 舘　昭／発行者 下田勝司　　印刷・製本　中央精版印刷

東京都文京区向丘1-20-6　振替00110-6-37828
〒117-0023　TEL (03) 3818-5521　FAX (03) 3818-5514

発行所 株式会社 東　信　堂

ISBN4-88713-432-0　C3037　¥2500E　

東信堂

責任という原理—科学技術文明のための倫理学の試み	H・ヨナス 加藤尚武監訳	四八〇〇円
主観性の復権—心身問題から『責任という原理』へ	H・ヨナス 宇佐美・滝口訳	二〇〇〇円
哲学・世紀末における回顧と展望	H・ヨナス 尾形敬次訳	八二六円
バイオエシックス入門〔第三版〕	今井道夫 香川知晶 編	二三八一円
思想史のなかのエルンスト・マッハ—科学と哲学のあいだ	今井道夫	三八〇〇円
今問い直す脳死と臓器移植〔第二版〕	澤田愛子	二〇〇〇円
キリスト教からみた生命と死の医療倫理	浜口吉隆	二三八一円
空間と身体—新しい哲学への出発《たびだち》	桑子敏雄	二五〇〇円
環境と国土の価値構造	桑子敏雄編	三五〇〇円
洞察＝想像力—知の解放とポストモダンの教育	D・スローン 市村尚久監訳	三八〇〇円
ダンテ研究 I—Vita Nuova 構造と引用	浦一章	七五七三円
ルネサンスの知の饗宴〔ルネサンス叢書1〕—ヒューマニズムとプラトン主義	佐藤三夫編	四四六六円
ヒューマニスト・ペトラルカ〔ルネサンス叢書2〕	佐藤三夫	四八〇〇円
東西ルネサンスの邂逅〔ルネサンス叢書3〕—南蛮と禰寝氏の歴史的世界を求めて	根占献一	三六〇〇円
原因・原理・一者について〔ジョルダーノ・ブルーノ著作集 3巻〕	加藤守通訳	三二〇〇円
情念の哲学	伊藤勝彦 坂井昭宏 編	三二〇〇円
愛の思想史〔新版〕	伊藤勝彦	二〇〇〇円
荒野にサフランの花ひらく〔続・愛の思想史〕	伊藤勝彦	二三〇〇円
知ることと生きること—現代哲学のプロムナード	岡田雅勝 本間謙二 編	二〇〇〇円
教養の復権	沼田裕之・安西和博 増渕幸男・加藤守通	二五〇〇円
イタリア・ルネサンス事典	H・R・ヘイル編 中森義宗監訳	続刊

〒113-0023 東京都文京区向丘1－20－6 ☎03(3818)5521 FAX 03(3818)5514 振替 00110-6-37828

※税別価格で表示してあります。

東信堂

〔横浜市立大学叢書（シーガル・ブックス）・開かれた大学は市民と共に〕

- ことばから観た文化の歴史―アングロ・サクソン到来からノルマンの征服まで　宮崎忠克　一五〇〇円
- 独仏対立の歴史的起源―スダンへの道　松井道昭　一五〇〇円
- ハイテク覇権の攻防―日米技術紛争　黒川修司　一五〇〇円
- ポーツマスから消された男―朝河貫一の日露戦争論　矢吹晋著・編訳　一五〇〇円
- グローバル・ガバナンスの世紀―国際政治経済学からの接近　毛利勝彦　続刊
- 青の系譜　今西浩子　続刊

〈社会人・学生のための親しみやすい入門書〉

- 国際法から世界を見る―市民のための国際法入門　松井芳郎著　二八〇〇円
- 国際人権法入門　T・バーゲンソル　小寺初世子訳　二八〇〇円
- 地球のうえの女性―男女平等のススメ　小寺初世子　一九〇〇円
- 軍縮問題入門〔第二版〕　黒沢満編　二三〇〇円
- 入門 比較政治学―民主化の世界的潮流を解読する　H・j・ウィーアルダ　大木啓介訳　二九〇〇円
- クリティーク国際関係学　関下稔・永田秀樹・中川涼司編　二二〇〇円
- 時代を動かす政治のことば―尾崎行雄から小泉純一郎まで　読売新聞政治部編　一八〇〇円
- 福祉政策の理論と実際〔現代社会学研究入門シリーズ〕―福祉社会学研究入門　三重野卓・平岡公一編　三〇〇〇円
- バイオエシックス入門〔第三版〕　今井道夫・香川知晶編　二三八一円
- 知ることと生きること―現代哲学のプロムナード　岡田雅昭・本間謙二編　二〇〇〇円

〒113-0023　東京都文京区向丘1－20－6　☎03(3818)5521　FAX 03(3818)5514／振替 00110-6-37828

※税別価格で表示してあります。